Der Marathon-Koch Michel Roux Jr

Der Marathon-Koch Michel Roux Jr

Feine Küche für das tägliche Aufbauprogramm
126 Rezepte

Fotografie Tara Fisher

Christian Verlag

Michel

»Oft werde ich gefragt, warum ich laufe.
Die einfache Antwort ist: Es macht mich hungrig!«

Inhalt

Der Marathonlauf

Ich liebe gutes Essen, aber ich brauche auch das Gefühl, körperlich fit zu sein, und deshalb ist der Marathonlauf für mich zu einer wahren Leidenschaft geworden. Das Laufen hat mir schon immer Spaß gemacht. Als Schüler war ich einer der wenigen, der sich freute, wenn wir von unserem Sportlehrer querfeldein gejagt wurden, und später – als ich ins Restaurantgeschäft eingestiegen war – ging ich joggen, um Stress und Spannungen abzubauen. Das Laufen vermittelt mir ein wunderbares, geradezu euphorisches Gefühl.

Mein Interesse am Marathonlauf begann vor zehn Jahren. Ich hatte das Rauchen aufgegeben und innerhalb von drei Monaten zwölf Kilo zugenommen. Mir war klar, dass es nun höchste Zeit war, etwas für meinen Körper zu tun. Allmählich gewöhnte ich mir an, mehrmals in der Woche zu laufen. Sehr bald schon purzelten die Pfunde – obwohl ich es mir nach wie vor schmecken ließ – und ich fühlte mich auch entspannter und weniger nervös. Außerdem verschwand wie durch ein Wunder die Migräne, an der ich jahrelang gelitten hatte.

Das Laufen gefiel mir so gut, dass ich einen sportlichen Anreiz haben wollte, und deshalb meldete ich mich für den London Marathon an. Jetzt wurde die Sache ernst, und ich ließ mich auf ein richtiges Trainingsprogramm ein. Mein erster Marathon verlief erstaunlich gut. Ich hatte mir zum Ziel gesetzt, unter vier Stunden zu laufen – und schaffte es tatsächlich, die Strecke in drei Stunden, 27 Minuten zurückzulegen, nicht schlecht für einen Anfänger, finde ich. Danach fühlte ich mich einfach fantastisch, und am nächsten Tag stand ich schon wieder in der Küche, wie immer. Natürlich tat mir alles Mögliche weh, aber diese Schmerzen sind auszuhalten, weil man kaum glauben kann, dass man es wirklich geschafft hat. Seit damals habe ich bei Marathonläufen in London (viermal), New York, Monaco, Bordeaux und Tromsø in Norwegen teilgenommen und hoffe, dass noch viele weitere dazukommen.

In all den Jahren habe ich mir viele Gedanken gemacht, welche Kost wohl während des Trainings am besten für mich ist, und habe mir eine gesunde Ernährungsweise angewöhnt, die zu meinem Lebensstil passt und bei der ich mich wohl fühle. Ich bin Koch. Ich habe tagaus, tagein mit Essen zu tun und ich liebe gutes Essen. Zum Glück habe ich herausgefunden, dass man genießen und dennoch fit und schlank bleiben kann, wenn man nur ein paar Kleinigkeiten berücksichtigt. Ich habe gelernt, köstliche Speisen so auf meine Bedürfnisse abzustimmen, dass sie meine Energie und Ausdauer steigern.

Selbst wenn ich nicht trainiere, laufe ich jede Woche drei- bis viermal 45 Minuten. Wenn ich mich für einen Marathon vorbereite, erhöhe ich dieses Pensum und lege zusätzlich pro Woche einen Langstreckenlauf von mindestens zwei Stunden ein. Zuerst jogge ich oder trabe fünf bis zehn Minuten, mache mein Stretching, damit die Muskeln warm werden und es keine Verletzungen gibt, und dann geht es los. Nach dem Lauf mache ich wieder meine Dehnübungen für alle wichtigen Muskelgruppen, jeweils etwa 30 bis 60 Sekunden – manche Experten meinen, das Stretching nach dem Lauf sei sogar noch wichtiger als das Aufwärmen vorher.

Am liebsten laufe ich am Nachmittag. Gleich in aller Frühe loszurennen ist nicht meine Sache. Das Laufen am Nachmittag passt besser in meinen beruflichen Tagesablauf, außerdem ist mein Körper dann bereits warm und leistungsfähig.

Vielleicht denken Sie – wie ich anfangs auch, dass Sie gar nicht die Zeit haben, um zu laufen. Sie haben zu viel zu tun. Doch die Zeit, die Sie mit Laufen verbringen, ist keineswegs verloren, sondern eher eine gute Gelegenheit, Probleme durchzudenken, Pläne zu schmieden, ohne dass man ständig durch Telefonate oder andere Leute abgelenkt wird. Man kann ungestört nachdenken und kommt erfrischt nach Hause zurück. Wenn ich trainiere, organisiere ich meine übrige Zeit besser und leiste generell mehr, als wenn ich es nicht tue, und so erübrigt sich die Frage, ob ich durch das Laufen meine Arbeit vernachlässige oder nicht. Zugegeben, es gibt Tage, da frage ich mich schon, warum ich mir das antue – beispielsweise wenn es regnet oder stark windet , aber sobald ich mich aufgewärmt habe, sind diese Überlegungen vergessen, und ich genieße das Laufen wieder.

Durch das Laufen habe ich ziemlich abgenommen. Ich habe zwar mehr Appetit als früher, aber seltsamerweise gelüstet es mich heute viel weniger als vorher nach schweren fetten Speisen. Durch das Training scheint mein Körper genau zu wissen und mir zu signalisieren, welche Kost für mich die richtige ist. Es ist beileibe nicht so, dass ich keine Produkte wie rotes Fleisch, Käse und Butter mehr esse – dafür bin ich zu sehr Genießer, und mir würde nicht im Traum einfallen, auf solche köstlichen, wunderbaren Nahrungsmittel zu verzichten – aber ich esse sie eben nicht so oft.

Sie müssen nicht schnell laufen oder persönliche Bestzeiten aufstellen – oder bei einem Marathonrennen mitmachen –, damit sie vom Laufen profitieren. Finden Sie heraus, welches Tempo am besten zu Ihnen passt, und setzen Sie sich Ihre eigenen Ziele.

Laufen tut gut – in vielerlei Hinsicht. Experten sind sich einig, dass intensive sportliche Betätigung sich positiv auf die Psyche auswirkt und generell ein besseres Allgemeinbefinden erreicht wird. Personen, die regelmäßig laufen, sind leistungsfähiger. Selbst wenn Sie nicht einen Marathonlauf anstreben, können Sie durch regelmäßiges Laufen in vielen Bereichen Ihres täglichen Lebens profitieren. Laufen ist eine gute Schule für Disziplin und Zeiteinteilung. Es löst Spannungen, baut Stress und Depressionen ab und heilt Beschwerden, wie Kopfschmerzen und Migräne. Herz und Lunge bleiben gesund, das allgemeine Wohlbefinden wird gesteigert, und Sie werden ein fröhlicherer Mensch. Sie schlafen ruhiger, können rasch unerwünschte Pfunde verlieren, und Ihr Blutdruck bleibt normal. Und Sie gewöhnen sich eine gesunde Ernährungsweise an – denn wenn Sie regelmäßig laufen, scheint Ihr Körper automatisch nach den richtigen Nahrungsmitteln zu verlangen.

Die Vorbereitung

Wenn Sie, wie ich, Spaß am Laufen haben und körperlich fit und gesund sind, können Sie überlegen, ob Sie nicht vielleicht einen Marathon laufen wollen. Wenn Ihnen mit dem Langstreckenlauf ernst ist, müssen Sie jedoch bedenken, dass viele Stunden Training vor Ihnen liegen. Das ist der schwierige Teil bei der Sache. Wenn Sie erst einmal gut vorbereitet sind, können Sie sich auf den Marathonlauf freuen und ihn genießen. Versuchen Sie gar nicht erst zu schwindeln, Ihr Körper wird es Sie sehr bald spüren lassen. Die ersten vier Wochen des Trainings kommen einem noch relativ leicht vor, aber in der siebten oder achten Woche werden Sie bereits die Tage bis zum Start zählen, damit Sie die Sache endlich hinter sich bringen können. Beginnen Sie mit dem Training mindestens drei Monate vor dem Ereignis, vorausgesetzt natürlich, Sie sind bereits durchtrainiert und körperlich fit. Laufen Sie mehrmals pro Woche etwa 45 Minuten, dazu einmal einen Langstreckenlauf von etwa zwei Stunden oder länger. Vergessen Sie nicht, Ihre Dehnübungen zu machen, und kräftigen Sie zusätzlich durch Gymnastik Ihre Rumpfmuskulatur, um die Balance zu verbessern. Übertreiben Sie dabei aber auf keinen Fall – Langstreckenläufer müssen sehr schlank sein. Schwere Muskelpakete bremsen Sie nur.

Verlängern Sie nicht unvermittelt Ihre Laufstrecke. Verletzungen und frühzeitige Erschöpfung können die Folge sein. Steigern Sie allmählich die Strecke Ihres wöchentlichen Langstreckenlaufs und achten Sie darauf, zwischen den Läufen immer gut auszuruhen.

Wenn dann das entscheidende Datum näher rückt, bleiben Sie unbedingt strikt bei Ihrem Trainingsplan. Machen Sie Ihren letzten großen Langstreckenlauf zwei Wochen vor dem Marathon – streben Sie mindestens die Hälfte, aber höchstens drei Viertel der Marathonstrecke an – und reduzieren Sie von da an die Distanz allmählich. Am letzten Sonntag vor dem Marathon laufen Sie eine Stunde, und von da an täglich etwas weniger, die letzten beiden Tage vor dem Start sollten Sie Ruhetage einlegen. Wenn der Marathon an einem Sonntag stattfindet, arbeite ich gewöhnlich noch am Freitag und nehme mir dann den Samstag frei, um mich für den großen Tag vorzubereiten.

Ich esse gern qualitativ hochwertige, den Jahreszeiten gemäße Produkte, die einfach, aber gut zubereitet sind. Man kann schlank und fit und trotzdem Genießer sein – das Geheimnis liegt im rechten Maß. Ich schätze natürliche Produkte und esse niemals so genannte »Light«-Versionen von Lebensmitteln. Wenn Sie Butter und Sahne lieben, essen Sie lieber das echte, unverfälschte Produkt, dafür aber nicht zu oft. Es ist viel besser, sich ab und zu köstliche Butter und Sahne bester Qualität zu gönnen, als große Mengen geschmackloser fettreduzierter Aufstriche oder Sahne zu vertilgen. Im Allgemeinen jedoch verwende ich beim Kochen statt Butter Olivenöl, aber nicht zu viel davon. Statt Gemüse in Butter oder Öl zu schmoren, gare ich es in einer beschichteten Pfanne und beträufle das fertige Gericht mit etwas gutem Öl, damit das Aroma der Speise richtig zur Geltung kommt.

Frische Lebensmittel sind am besten, wenn sie Saison haben. Ich möchte keine Erdbeeren an Weihnachten essen. Viel besser schmecken sie im Sommer an einem langen schönen Juniabend. Ich freue mich auf Spargel im Mai und Wildlachs im Juli. Ich liebe Brombeeren im September. In dieser Jahreszeit entfalten sie ihr volles Aroma und haben auch den höchsten gesundheitlichen Wert, da die Chancen viel größer sind, dass die Beeren reif gepflückt und nicht vom anderen Ende der Welt zu uns hertransportiert worden sind.

Gutes Essen und guten Wein zu schätzen und zu genießen ist weder elitär noch snobistisch, sondern ein Gebot der Vernunft. Halten Sie stets Ausschau nach dem qualitativ hochwertigsten, frischesten Produkt, das Sie sich leisten können – egal, ob es sich um eine schöne Keule für einen Braten, einen Laib Brot oder einen Beutel Karotten handelt – und Ihre Küche wird davon profitieren. Gute Zutaten sprechen für sich. Man muss nicht mehr viel Aufwand mit ihnen betreiben, sie schmecken am besten schlicht und einfach zubereitet.

Ich muss gestehen, ich liebe Süßes – und je älter ich werde, desto schlimmer wird es mit mir! Wenn ich intensiv trainiere, ist mein Körper geradezu süchtig nach einer Portion Glukose. Eine süße Belohnung nach einem langen Lauf oder Training schadet Ihnen bestimmt nicht. Die Desserts in diesem Buch werden mit vielen Früchten und nicht zu viel Fett oder Zucker zubereitet.

Ich trinke gern Wein, aber nur Wein von guter Qualität. Selbst am Abend vor einem Marathon schaden mir ein, zwei Glas Rotwein nicht. Während des Laufens trinke ich Wasser oder isotonische Getränke, mit denen man dem Körper wieder die Mineralien zuführen kann, die er während des Laufens verliert. Weil wir gerade vom Trinken sprechen – Wasser heißt für mich Leben. Keine Flüssigkeit ist von größerer Bedeutung für den Körper oder stillt den Durst besser als reines Wasser. Wenn ich in meiner heißen Restaurantküche stehe, trinke ich mindestens zehn Glas Wasser über den Tag verteilt, und wenn ich trainiere, sind drei, vier Liter nicht ungewöhnlich.

Das richtige Essen zum richtigen Zeitpunkt

Wenn Sie für den Langstreckenlauf trainieren, müssen Sie sich nicht strikt an eine bestimmte Kost halten. Horchen Sie einfach in sich hinein. Ich persönlich bin felsenfest davon überzeugt, dass der Körper einem genau sagt, was er braucht, man muss nur etwas hellhörig sein. Und eine Speise, die gut aussieht und gut schmeckt, befriedigt die Sinne und entspricht auch den Ernährungsbedürfnissen.

Wenn ich für einen Marathonlauf trainiere, esse ich sehr viel Obst und Gemüse. Gewöhnlich habe ich in dieser Zeit kein großes Verlangen nach Fleisch – Fleischgerichte sind dann zu schwer für mich. Wenn ich plane, am Nachmittag zu laufen, nehme ich ein spätes Frühstück ein, das aus Getreideflocken, Saft und Obst und eventuell etwas Brot, Butter und Kaffee besteht. Mit leerem Magen sollte man nicht laufen, der Körper braucht schon etwas Ballast. Nach dem Laufen genehmige ich mir gerne einen köstlichen Salat, beispielsweise Chicoréesalat mit pochiertem Ei, dazu etwas Brot – und ein Stückchen Schokolade hinterher. Am Abend gibt es dann ein Gemüsegericht mit Nudeln oder Reis. Die Nachspeise könnte aus Obst bestehen oder auch aus einem Dessert, das ich mit Muscovado-Zucker, keinesfalls raffiniertem Zucker, zubereite. Muscovado schmeckt viel besser, und man braucht weniger davon. Muscovado-Zucker ist ein reines Naturprodukt, das aus gepresstem und granuliertem Zuckerrohrsaft besteht. Er ist grober und klebriger als normaler Zucker, erinnert in seiner Struktur an feuchten Sand und ist je nach Melasseanteil von hellbrauner bis tief dunkelbrauner Farbe. (Muscovado-Zucker ist in Deutschland kaum im Handel erhältlich. Am besten verwenden Sie stattdessen Vollrohrzucker aus dem Bio-Laden oder Reformhaus – *Anm. d. Red.*)

Viele Leute sagen, es falle ihnen schwer, ihren Ernährungsprinzipien treu zu bleiben, wenn sie in ein Restaurant oder auf eine Party gehen und dort unweigerlich zu viel essen und trinken. Der erste Schritt zu einer gesünderen Lebensweise heißt, auf Hochprozentiges vor oder nach dem Essen zu verzichten. Wenn Sie stark alkoholische Getränke zu sich nehmen, während Sie trainieren, werden Sie es am nächsten Tag bitter büßen müssen. Mir fällt es leichter, gleich von Anfang an nein zu sagen, als mir einzureden, »Ach, dieses eine Glas wird mir schon nicht schaden«. Nein zu sagen ist nicht ein Zeichen von Schwäche, sondern beweist eher das Gegenteil. Sie zeigen damit Charakterstärke und Willenskraft.

Wir alle müssen Kohlenhydrate essen, denn sie liefern uns die lebensnotwendige Energie. Diese Kohlenhydrate werden in den Muskeln und in der Leber als Glykogen gespeichert. Allerdings sind ihre Speichermöglichkeiten so klein, dass sie extrem ernährungsabhängig sind und wir regelmäßig Kohlenhydrate zuführen müssen. Ein leerer Glykogenspeicher hat zur Folge, dass Sie schnell ermüden und nicht Ihr Bestes geben können. Ein gut gefüllter Glykogenspeicher dagegen erlaubt es Ihnen, intensiv zu arbeiten und zu trainieren. Die Glykogenspeicher werden durch körperliche Betätigung geleert – deshalb ist es so wichtig, nach dem Laufen etwas zu essen.

Meine Kost ist reich an Kohlenhydraten. Ich glaube nicht, dass man von Brot, Nudeln und Kartoffeln tatsächlich dick wird – eher von dem, was man dazu isst. Unraffinierte, sprich vollwertige Kohlenhydrate wie Vollkorngetreideflocken, Vollkornmehl, Naturreis, Kartoffeln, Hülsenfrüchte, Karotten und anderes Wurzelgemüse sind Ihrer Gesundheit und Leistungsfähigkeit viel zuträglicher als die raffinierte Stärke, wie sie lebensmitteltechnisch aufbereitete Getreideflocken, weißes Mehl, Kuchen und Kekse aufweisen. Raffinierte Stärke gibt Ihnen einen sofortigen, aber nur kurzzeitigen Energieschub. Unraffinierte

Kohlenhydrate dagegen werden vom Körper langsamer aufgenommen, sie geben ihre Energie nach und nach frei, und Sie bleiben länger leistungsfähig.

Eiweiß ist wichtig für den Muskelaufbau und zur Regeneration der Muskelkraft nach körperlicher Leistung, aber ich denke, dass für Langstreckenläufer wohl Vitamin C von größerer Bedeutung ist. Vitamin C hilft, Erkältungen abzuwehren, die Ihren ganzen Trainingsplan durcheinander bringen und Sie womöglich sogar zwingen könnten, einen geplanten Marathonlauf abzusagen, und darüber hinaus wirkt es den bei der Muskelarbeit entstandenen freien Radikalen entgegen. Der Körper kann Vitamin C nicht speichern, und so muss es täglich neu zugeführt werden. Eine gute Quelle sind frisch gepresste Fruchtsäfte. Enorm wichtig für jeden Läufer sind auch Zink und Kupfer. Zink kommt in großen Mengen in Austern, aber auch in Bohnen und Vollkornprodukten vor. Nüsse, Meeresfrüchte und Bohnen enthalten Kupfer, ebenso Schokolade – meine liebste Quelle. Vitamin E ist ein weiteres wichtiges Antioxidationsmittel, das z.B. in Mandeln und Kürbiskernen enthalten ist.

Die meisten Diätanweisungen raten dringend, Fett zu meiden, und sie haben Recht, wenn man wenig oder keinen Sport treibt. Aber eine Ernährung mit weniger als 20 Prozent Fett ist für Langstreckenläufer und generell für alle, die regelmäßig intensiv Sport treiben, nicht zu empfehlen. Der ideale Körperfettanteil liegt bei Männern zwischen 6 und 15 Prozent und bei Frauen zwischen 12 und 18 Prozent. Wenn Sie für einen Marathonlauf trainieren, müssen Sie Ihrem Organismus mit der Ernährung mindestens 30 Prozent Fett zuführen. Sie werden feststellen, dass Sie dabei nicht nur nicht zunehmen, sondern wirklich gut essen können.

Genießen Sie auch qualitativ hochwertigen Käse. Obwohl sein Fettanteil hoch ist, ist Käse längst nicht so schlecht für Sie, wie man früher glaubte. Wegen des hohen Kalziumgehalts von Käse wird ein Großteil des Fetts vom Körper gar nicht aufgenommen. Und außerdem schmeckt Käse einfach köstlich, vor allem, wenn er aus Rohmilch hergestellt ist.

Dass Läufer möglichst viele Kohlenhydrate essen sollen, weiß inzwischen jeder Freizeitjogger. Aber die Kohlenhydrate sind untereinander nicht alle gleich. Wenn Sie Ihre kohlenhydrathaltigen Nahrungsmittel mit Verstand auswählen, können Sie damit nicht nur Ihre Leistungsfähigkeit und Konzentration steigern, sondern auch das Hungergefühl reduzieren und sogar die Lust auf Süßigkeiten verringern.

Der Schlüssel für die Auswahl der richtigen Kohlenhydrate liegt darin, den glykämischen Index (GI) eines Nahrungsmittels zu beachten, eine Maßzahl, die uns sagt, wie schnell die Kohlenhydrate aus einem bestimmten Nahrungsmittel in Zucker umgewandelt werden, ins Blut übergehen und vom Körper abgebaut werden. Der Index misst den Anstieg des Blutzuckerspiegels zwei Stunden nach dem Verzehr von 50 Gramm eines bestimmten Kohlenhydrats und setzt ihn in Relation zu 50 Gramm Zucker, der einen glykämischen Index von 100 hat. Kohlenhydrate, die schnell vom Körper abgebaut werden, haben einen hohen GI (über 70), diejenigen, die mittelschnell abgebaut werden, haben einen GI von 55 bis 70, und Kohlenhydrate, die langsam und fortdauernd abgebaut werden, haben einen GI von unter 55.

Lebensmittel mit hohen GI-Werten lassen den Zuckerspiegel schnell ansteigen und sollten am besten während oder kurz vor einem Lauf verzehrt werden, denn sie sind eine rasche und leicht verfügbare Energiequelle für die Muskeln. Auch unmittelbar nach dem Lauf sind diese Kohlenhydrate wichtig, denn sie helfen, die Glykogenspeicher rasch wieder aufzufüllen. Aber wenn sie ansonsten sehr viele Lebensmittel mit einem hohen GI-Wert zu sich nehmen, werden Sie feststellen, dass Sie gleich nach dem Essen schon wieder ein Hungergefühl verspüren. Auch kann dadurch der Blutzuckerspiegel zu stark ansteigen, worauf wiederum der Körper mit einer erhöhten Insulinausschüttung reagiert, die Sie nach dem Essen müde und reizbar werden lässt.

Der Großteil der täglich zugeführten Kohlenhydrate sollte aus Nahrungsmitteln mit einem niedrigen und mittleren GI bestehen. Eine Mahlzeit aus Nahrungsmitteln mit mittlerem GI vor dem Start trägt dazu bei, dass Sie langsamer müde werden. Nach dem Lauf hilft eine Mahlzeit aus Nahrungsmitteln mit mittlerem und hohem GI, verbrauchte Energie rasch zu regenerieren. Einige Beispiele, welche Nahrungsmittel welcher GI-Kategorie zuzurechnen sind:

NIEDRIGER GI

Bevorzugt essen

Haferbrei
ballaststoffreiche Getreideflocken
Gerste
Basmati-Reis
Pumpernickel
Blumenkohl
Brokkoli
Weiß- und Rotkohl
Rosenkohl
frische Erbsen
Pfirsiche
Birnen
Äpfel
Nektarinen
Weintrauben
Sultaninen
Aprikosen
Kirschen
Kiwis
Pflaumen
Stachelbeeren
Orangen
Zitronen
Grapefruits
Trockenbohnen und Dicke Bohnen
Linsen
Kichererbsen
getrocknete Erbsen

MITTLERER GI

Bevorzugt essen

Müsli (ohne Zuckerzusatz)
Grieß
Getreideflocken mit Weizenkleie und Früchten
Naturreis/Wildreis
neue Kartoffeln mit Schale
Nudeln
Gemüsemais
Couscous
Roggenbrot
Muffins, mit Kleie angereichert
Crumpets aus Hafermehl/mit Kleie angereicherte Crumpets
Rote Bete
Spinat
Bananen
Lychees
Mangos
Ananas
Zuckermelonen
Rosinen
Datteln
Honig
Zucker (nicht mehr als 4–6 Teelöffel täglich)

HOHER GI

Weniger oft essen

industriell aufbereitete Weizenflocken
Frühstücksflocken mit gepufftem Weizen
polierter Reis
Kartoffeln
Weizenvollkornbrot/-brötchen
Pita-Brot
Karotten
Gartenkürbisse
Pastinaken
Wassermelonen

Raffinierte Kohlenhydrate – stark einschränken!

Cornflakes
Frühstücksflocken mit Puffreis
Schmelzflocken
Kartoffelpüreeflocken
Pommes frites und Kartoffelchips
Weißbrot und Weißmehlbrötchen
Reiskuchen
Kuchen

Am Abend vor dem Start

Essen Sie am Vorabend eines Marathonlaufs leichte, aber nährstoffreiche Kost – ich bevorzuge Fisch und Gemüse. Vor einem großen Marathonlauf findet in der Regel am Vorabend eine so genannte »Pasta-Party« statt. Entweder in einem italienischen Restaurant oder großen Partyzelt können sich die Läufer aus riesigen dampfenden Töpfen mit Spaghetti für das kommende große Ereignis stärken. Diese Partys machen Spaß, außerdem lernen Sie dort jede Menge Gleichgesinnter kennen, aber im Allgemeinen ziehe ich es doch vor, zu Hause zu Abend zu essen. Wenn Sie am Vorabend einen großen Teller Spaghetti essen, weil Sie sich mit Kohlenhydraten versorgen wollen, dann ist es dafür wohl zu spät. Ich versorge meinen Körper bereits drei bis vier Tage vor dem Wettkampf gezielt mit Kohlenhydraten und entspanne mich dann am Vorabend bei leichter Kost und dem angenehmen Gefühl, dass die Schinderei des vorbereitenden Trainings vorbei ist.

Viel wichtiger als die Frage, was man am Vorabend essen soll, ist meiner Meinung nach, was man nicht essen soll. Ich bemühe mich, ganz normal und mäßig zu essen. Gehen Sie auf Nummer Sicher – Meeresfrüchte sind am Vorabend tabu. Jede ungewohnte Kost könnte Ihren Stoffwechsel durcheinander bringen, daher meiden Sie bitte zu diesem Zeitpunkt alle Experimente. Ob Sie nun auswärts essen oder zu Hause, Ihr Abendessen sollte auf jeden Fall leicht, aber sättigend sein, und daher finde ich Fisch ideal. Ein scharfes Currygericht ist es nicht! Ein, zwei Glas Wein, vorzugsweise Rotwein, hilft nicht nur der Verdauung auf die Sprünge, sondern wirkt auch entspannend, und ein erholsamer Schlaf trägt sicher dazu bei, dass Sie sich am nächsten Morgen beim Start fit fühlen.

Das Frühstück hängt von Ihren persönlichen Gewohnheiten ab. Was für einen Läufer gut ist, muss dem anderen nicht unbedingt nützlich sein. Vor einem Marathon nehme ich zum Frühstück starken Kaffee und gebutterten Toast mit Marmelade zu mir, aber ich kenne auch andere Läufer, die vor einem Start keinen Bissen runterkriegen. Und dann gibt es wiederum welche, die vertragen sogar hart gekochte Eier. Essen Sie das, wobei Sie sich wohl fühlen.

Essen Sie eine halbe Stunde vor dem Start einen Snack, einen Müsliriegel zum Beispiel. Und achten Sie darauf, ausreichend zu trinken. Die Regel lautet, trinken, ehe man durstig ist – wenn Sie Durst verspüren, hat Ihr Körper bereits zu viel Flüssigkeit verloren, und das ist während des Marathons bestimmt nicht von Vorteil. Entlang der Laufstrecke sind Versorgungsstationen eingerichtet, wo Sie Getränke bekommen können (beim Paris Marathon wird sogar Essen angeboten) – nutzen Sie diese Einrichtungen, wenn Sie an einer vorbeikommen. Im ersten Stadium genügt es, Wasser zu trinken, aber nach 90 Minuten braucht Ihr Körper isotonische Getränke, um den Mineralhaushalt auszugleichen. Sie können auch Freunde bitten, sich entlang der Strecke aufzustellen, damit Sie mit Obst oder Snacks versorgt werden können. Sie sollten es sich zur Regel machen, während des Laufs sowohl Alkohol zu meiden als auch Getränke, die Koffein bzw. Teein enthalten, also Kaffee, schwarzen Tee sowie kohlensäurehaltige Getränke.

Am Tag danach Euphorie, das Gefühl, es geschafft zu haben – und schmerzende Füße und Beine. Aber ich finde, die Schmerzen sind auszuhalten, ich habe mich jedenfalls wegen eines Marathonlaufs noch nie einen Tag krank melden müssen. Essen Sie nach dem Lauf eine Kleinigkeit, am besten innerhalb der nächsten 15 Minuten, nachdem Sie ins Ziel eingelaufen sind, und machen Sie ausgiebig Stretching. Experten meinen, wenn man unmittelbar nach einer kräftezehrenden, ausdauernden sportlichen Betätigung wie einem Marathonlauf dem Körper Kohlenhydrate zuführt, hat man am Tag darauf weniger Muskelschmerzen.

Stürzen Sie sich nach dem Lauf nicht auf die Champagnerflasche. Alkohol nach all der körperlichen Anstrengung führt nur zu Dehydration und noch stärkeren Schmerzen am Tag danach. Ich verbringe normalerweise den restlichen Tag damit, die Beine hochzulegen, oder lege mich in die Badewanne oder in den Whirlpool. Und da ich das Gefühl habe, eine Pause verdient zu haben, gehe ich ein paar Tage nicht laufen. Dann beginne ich wieder mit leichten Gymnastikübungen, laufe eine kurze Strecke – und fange an, an den nächsten Marathonlauf zu denken.

Ernährungsplan für eine Trainingswoche

Die Rezepte für die folgenden Menüvorschläge sind alle in diesem Buch enthalten. Die Gerichte schmecken köstlich – und sie sind obendrein gesund.

SONNTAG

Frühstück
Kedgeree

Mittagessen
Brunnenkresse-suppe

Vollkornbrot

Abendessen
Spaghetti mit Schwertmuscheln, Petersilie und Knoblauch

Warmer Schokoladenkuchen mit Trockenobstsalat

MONTAG

Frühstück
Crumpets

Heidelbeer-Bananen-Shake

Mittagessen
Chicoréesalat mit pochierten Eiern, roten Zwiebeln und Speck

Weiche Roggenbrötchen

Abendessen
Gekochte Lammhaxen mit Sternanisbouillon, dazu Salzkartoffeln und weiße Rüben

Gewürzfrüchte

DIENSTAG

Frühstück
Getreideflocken

Charentais-Melone mit Ingwer und Basilikum

Mittagessen
Weiße Bohnen mit Chorizo und Tomaten

Abendessen
Brunnenkresse-Birnen-Salat

Gefüllter Wolfsbarsch mit kreolischem Reis

Schokoladenfrüchte

MITTWOCH

Frühstück
Rühreier mit Trüffel

Mittagessen
Tunesischer Gemüsesalat

Fladenbrot mit Oliven

Abendessen
Tagliatelle mit Olivenpaste und Schinken

Rotweinpflaumen mit Gewürzbrot-Croutons

DONNERSTAG

Frühstück
Getoastetes Roggenbrötchen mit pochierten Eiern, Spinat und Speck

Mittagessen
Kürbissuppe mit Krabben und Kürbiskernkräckern

Tortilla mit Äpfeln und Backpflaumen und Karamellsauce

Abendessen
Hühnerbrustfilet in Graupenbrühe

Orientalischer Sommersalat

FREITAG

Frühstück
Toast mit Mandel-Honig-Aufstrich oder Schokoladenaufstrich mit gebrannten Mandeln und Haselnüssen

Pfirsich-Mandel-Getränk

Mittagessen
Überbackene Schinken-Spinat-Pfannkuchen

Abendessen
Grüner Bohnensalat mit Walnüssen

Kalbsleber mit Waldpilzen und süß-sauren Zwiebeln, dazu eine gebackene Kartoffel

Gebackene Feigen in Weinblättern

SAMSTAG

Frühstück
Pikelets

Erdbeeren und Orangen mit Basilikum

Wassermelone-Papaya-Muntermacher

Mittagessen
Gegrillte Riesengarnelen mit Gurkensalat und Pistazien-Joghurt-Dressing

Pfefferbrötchen

Abendessen
Maronensuppe mit Äpfeln und Rosmarin

Ziegenkäsebrot

Gebratene Goldbrasse mit Senf und Petersilie, dazu Vollkornnudeln

Bananensoufflé mit Knusperschicht

Internationale Marathonveranstaltungen

Überall auf der Welt finden jeden Monat Marathonläufe statt. Sie können wählen zwischen City-Marathons oder anspruchsvollen Crossläufen durch schwieriges Gelände, Strecken am Meer oder durch Wüsten. Kurzum – für jeden Geschmack ist etwas dabei.

JANUAR

Lantau Mountain Marathon
Lantau, China
(enthält einige beschwerliche Anstiege)

Trinidad Marathon
Port of Spain, Trinidad und Tobago

Walt Disney World Marathon
Orlando, Florida
(flacher Streckenverlauf, führt durch den Freizeitpark)

FEBRUAR

Sahara Marathon
L'Ayoun, Algerien
(anspruchsvolle Wüstenstrecke)

Buller Marathon
Westport, Neuseeland
(landschaftlich reizvollster Marathon Neuseelands)

MÄRZ

Six Foot Track (Ultra) Marathon
Sydney, Australien
(längster Cross-Marathon Australiens – die 46 km lange Strecke führt durch den Blue-Mountains-Nationalpark)

Kilimanjaro Marathon
Moshi, Tansania

City of Los Angeles Marathon
Los Angeles, USA
(Unterhaltungsangebote entlang der Strecke tragen zur Aufmunterung der Läufer bei)

Roma Marathon
Rom, Italien
(die Strecke führt an vielen wichtigen Sehenswürdigkeiten vorbei)

Barcelona Marathon
Barcelona, Spanien

Antarctica Marathon
Antarktis
(der härteste Marathon überhaupt)

Thailand Temple Run
Samuthsongkram, Thailand
(die Strecke führt durch eine malerische Landschaft mit 100 Tempeln)

APRIL

Paris International Marathon
Paris, Frankreich

Linz Marathon
Linz, Österreich

London Marathon
London, Großbritannien
(eine der größten Veranstaltungen dieser Art; viele Zuschauer, tolle Atmosphäre)

Leipzig Marathon
Leipzig, Deutschland

Bonn Marathon
Bonn, Deutschland

Hamburg Hanse-Marathon
Hamburg, Deutschland

Boston Marathon
Boston, USA
(ältester Marathon der Welt; strenge Teilnahmebedingungen)

Rotterdam Marathon
Rotterdam, Niederlande
(sehr flache, schnelle Strecke)

Two Oceans Marathon
Kapstadt, Südafrika
(landschaftlich sehr reizvoll)

Big Sur Marathon
Kalifornien, USA
(der längste Gelände-Marathon der Welt führt durch eine atemberaubende Landschaft)

Northpole Marathon
Basislager am Nordpol, Russische Föderation
(die Strecke führt über arktisches Eis)

Madrid Marathon
Madrid, Spanien

MAI

Great Wall Marathon
Peking, China
(die Strecke verläuft teilweise auf der Chinesischen Mauer; 3.700 Stufen sind zu erklimmen)

Adidas Vancouver International Marathon
Vancouver, Kanada

Prague International Marathon
Prag, Tschechische Republik

Vienna Marathon
Wien, Österreich

GutsMuth-Rennsteiglauf
Schmiedefeld, Deutschland

Gutenberg Marathon Mainz
Mainz, Deutschland

Internationale Twente Marathon
Enschede, Niederlande

JUNI

Edge to Edge Marathon
Ucluelet, Kanada

Marathon de la baie du Mont St. Michel
Cancale, Frankreich

Rhein-Ruhr-Marathon
Duisburg, Deutschland

Stockholm Marathon
Stockholm, Schweden

Midnight Sun Marathon
Tromsø, Norwegen
(der Mitternachtslauf findet dank der Mitternachtssonne bei hellem Tageslicht statt)

Comrades Marathon
Südafrika
(die Strecke verläuft von Durban nach Pietermaritzburg)

Lewa Safaricom Marathon
Lewa Wildlife Conservancy, Kenia
(Sie laufen mit Angehörigen des Stammes der Masai)

JULI

Yukon River Trail Marathon
Whitehorse, Kanada

SwissAlpine Marathon
Davos, Schweiz

AUGUST

Nachtmarathon
Marburg, Deutschland
(Start ist abends um 19.00 Uhr)

Helsinki City Marathon
Helsinki, Finnland

Reykjavik Marathon
Reykjavik, Island
(ideale Temperatur zum Laufen und kristallklare Luft)

Medvinds Marathon
Kopenhagen, Dänemark

SEPTEMBER

Usedom Marathon
Swinoujscie (Polen) – Wolgast (Deutschland)

Münster Marathon
Münster, Deutschland

Berlin Marathon
Berlin, Deutschland

Marathon du Médoc
Médoc, Frankreich
(Versorgungsstationen mit Wein und gutem Essen entlang der Strecke)

Mergelland Marathon
Meerssen, Niederlande

Robin Hood Marathon
Nottingham, Großbritannien

Wachau Marathon
Krems, Österreich

Moscow International Peace Marathon
Moskau, Russland

Trondheim Marathon
Trondheim, Norwegen

Jungfrau Marathon
Interlaken, Schweiz
(Bergstrecke, eine der schönsten überhaupt)

OKTOBER

Ford Köln Marathon
Köln, Deutschland

München Marathon
München, Deutschland

Frankfurt Marathon
Frankfurt a. M., Deutschland
(der älteste Marathon Deutschlands)

Venice Marathon
Venedig, Italien

Royal Victoria Marathon
Vancouver Island, Kanada

Eindhoven Marathon
Eindhoven, Niederlande

Delta Lloyd Amsterdam Marathon
Amsterdam, Niederlande

Melbourne Marathon
Melbourne, Australien

Casino Niagara International Marathon
Niagarafälle, Kanada

Dublin Marathon
Dublin, Irland

LaSalle Bank Chicago Marathon
Chicago, USA

Dead Sea Marathon
Amman, Jordanien
(die Strecke führt hinunter zum tiefsten Punkt der Erde)

NOVEMBER

Tokyo International Women's Marathon
Tokio, Japan

New York City Marathon
New York, USA
(einer der populärsten Marathons der Welt)

Philadelphia Marathon
Philadelphia, USA

Monaco Marathon
Monte Carlo, Monaco

Firenze Marathon
Florenz, Italien

DEZEMBER

Milano Marathon
Mailand, Italien

California International Marathon
Sacramento, USA

Honolulu Marathon
Honolulu, Hawaii
(Start um 5.00 Uhr früh; der Sonnenaufgang über dem Pazifik ist traumhaft)

Reggae Marathon
Negril, Jamaica
(Reggaemusik begleitet die Läufer)

Frühstück

Erdbeeren und Orangen mit Basilikum

FÜR 4 PERSONEN
200 g Erdbeeren
5 Orangen
10 Basilikumblätter, dazu ein paar Blättchen zum Garnieren
Vollrohrzucker, z.B. Rapadura

Die Erdbeeren waschen und entstielen. Große Früchte in Stücke schneiden. Vier Orangen schälen, dabei die weiße Innenhaut völlig entfernen. Die Filets aus den Trennhäuten herausschneiden, mit der Hand den restlichen Saft ausdrücken und mitverwenden. Orangenfilets und Erdbeeren mischen. Basilikumblätter waschen, in Streifen schneiden und zu den Früchten geben. Früchte auf Portionsschalen verteilen, nach Geschmack mit Vollrohrzucker bestreuen und mit jeweils einem Basilikumblättchen und einer dünnen Orangenscheibe garnieren.

Pikelets

Dieses Fladengebäck stammt aus der walisischen Küche. Mit selbst gemachter Konfitüre und frischer Butter bestrichen, am besten mit gesalzener bretonischer Butter, schmeckt es köstlich zum Frühstück.

ERGIBT 10–12 STÜCK
320 g Mehl
80 g Zucker
1 großes Ei
Milch
90 g Butter
1 TL Weißweinessig
½ TL Natron

Mehl in eine Schüssel sieben und Zucker dazugeben. Das Ei und so viel Milch zugeben, dass ein dickflüssiger Teig entsteht; dabei kräftig schlagen, damit sich keine Klümpchen bilden. Butter schmelzen und mit Essig und Natron unter den Teig rühren. Eine Pfanne mit Öl auspinseln und erhitzen. Ein paar Esslöffel Teig hineingeben. Große runde Ausstecher oder Eierringe verwenden, wenn eine vollkommen runde Form gewünscht wird. Dazu die Innenseiten der Ringe ebenfalls fetten. Backen, bis die Oberfläche der Fladen Blasen wirft und der Boden leicht gebräunt ist. Mit einer Backschaufel wenden und die andere Seite backen. Vorgang wiederholen, bis die gesamte Teigmenge aufgebraucht ist. Die fertigen Fladen auskühlen lassen oder gleich heiß aus der Pfanne servieren.

Wassermelone-Papaya-Muntermacher

FÜR 6 PERSONEN
300 g vollreife Wassermelone
Saft von 1 Limette
1 vollreife Papaya, geschält und Samen entfernt
3 Eiswürfel
1 EL Zucker (nach Belieben)

Wassermelone zerteilen, Fruchtfleisch in Stücke schneiden, Kerne entfernen und mit dem Limettensaft, der ebenfalls in Stücke geschnittenen Papaya und den Eiswürfeln im Mixer pürieren. Zucker nach Geschmack zugeben.

Crumpets

Crumpets sind ein ideales Gebäck fürs Frühstück, schmecken aber auch köstlich als herzhaftes Sandwich mit Räucherschinken oder Pökelfleisch belegt. Sie können für das Rezept auch Vollkornweizenmehl oder Dinkelmehl verwenden.

ERGIBT 16–18 STÜCK
350 g Weizenmehl, Type 550
1 Prise Salz
1 TL Zucker
25 g frische Hefe
450 ml lauwarme Milch
2 große Eier, verschlagen

Mehl mit Salz und Zucker in einer Schüssel mischen. Die Hefe in der Milch auflösen und zusammen mit den Eiern zum Mehl geben. Alle Zutaten zu einem glatten, ziemlich flüssigen Teig verrühren, dabei mindestens 5 Minuten rühren und anfangs kräftig schlagen, damit sich keine Klümpchen bilden. Schüssel mit einem Küchentuch bedecken und den Teig 1 Stunde gehen lassen. Kleine Fladen backen, dabei vorgehen, wie in dem Rezept Pikelets auf Seite 28 beschrieben. Zum Backen runde Ausstecher oder Eierringe verwenden. Sie können die Crumpets heiß aus der Pfanne servieren oder toasten.

Buchweizen-Kartoffel-Pfannkuchen

ERGIBT 10–12 STÜCK
200 g gekochte Kartoffeln, gepellt
100 g Buchweizenmehl
1 Ei
200 ml Milch
1 TL Backpulver
Salz, Pfeffer, 1 Prise Muskatnuss
Olivenöl

Die gekochten Kartoffeln durch eine Kartoffelpresse oder ein grobmaschiges Sieb drücken. Mehl, Ei, Milch, Backpulver und Gewürze in einer Schüssel verrühren, Kartoffeln zugeben und alles zu einem Teig vermengen. Zugedeckt 10 Minuten ruhen lassen.

Backofen auf 190 °C (Gas Stufe 5) vorheizen. Kleine Blinipfännchen jeweils mit etwas Olivenöl auspinseln und ein paar Esslöffel Teig hineingeben. Jeder Pfannkuchen sollte etwa sechs Millimeter dick sein. Bei mittlerer Hitze auf dem Herd backen, bis der Teig am Rand Blasen wirft, dann das Pfännchen 4 Minuten in den Backofen stellen, damit sich der Pfannkuchen setzt. Aus dem Backofen nehmen, den Pfannkuchen wenden und die andere Seite backen, vorher bei Bedarf einige Tropfen Öl in das Pfännchen geben. Vorgang wiederholen, bis die gesamte Teigmenge aufgebraucht ist. Wenn Sie keine Blinipfännchen besitzen, backen Sie einfach in einer normalen Bratpfanne aus dem Teig kleine, nicht zu dünne Pfannkuchen.

Damit die Pfannkuchen etwas leichter und luftiger werden, das Ei trennen und das Eiweiß zusammen mit einem zusätzlichen Eiweiß steif schlagen. Dann vor dem Backen den Eischnee unter die Teigmischung heben.

Rühreier mit Trüffel

Das ist die wohl luxuriöseste Art, Rühreier zu genießen. Obwohl es nicht ratsam ist, diese opulente Speise vor einem Lauf zu verzehren, bietet doch die Aussicht auf ein so köstliches Frühstück den besten Anreiz, bis zum Schluss durchzuhalten. Ich persönlich bevorzuge für dieses Gericht ausgereifte schwarze Périgord-Trüffel aus Frankreich, die am besten zwischen Ende Dezember und Februar schmecken. Sie können auch italienische weiße Trüffel aus dem Piemont verwenden; andere Trüffelsorten kämen für mich nicht infrage. Wenn Sie die Eier in der Pfanne mit einem Holzspatel verrühren, statt sie schon vorher mit einem Schneebesen zu verschlagen, und erst am Ende der Garzeit würzen, dann erhalten Sie ein weiches, zartes, großflockiges Rührei. Während meiner Militärzeit bereitete ich dieses Gericht des Öfteren im Elysée-Palast für das Frühstück des Präsidenten zu. Es gehörte zu den Lieblingsspeisen von François Mitterand. Gönnen auch Sie sich am Wochenende mal ein wahrhaft königliches Frühstück!

FÜR 4 PERSONEN
8 frische Bio-Eier
1 EL Butter
Salz, Pfeffer
4 EL Crème double
1–2 Trüffel, zusammen etwa 80 g

Die Eier zusammen mit den Trüffeln in ein luftdicht verschließbares Gefäß geben und vor der Zubereitung 3–5 Tage im Kühlschrank aufbewahren. Die Eier nehmen dabei durch ihre porösen Schalen das Aroma der Trüffel auf.

Eine schwere Pfanne mit der Butter ausstreichen und die Eier hineinschlagen. Eier bei mittlerer Hitze mit einem Holzspatel verrühren. Unter ständigem Rühren die Eier stocken lassen, bis die gewünschte Festigkeit erreicht ist, dann würzen und Crème double hinzufügen. Die Trüffel in dünne Scheiben schneiden bzw. hobeln und auf den Rühreiern verteilen. Sofort servieren.

Getoastete Roggenbrötchen mit pochierten Eiern, Spinat und Speck

FÜR 4 PERSONEN
1 TL Weißweinessig
4 große Bio-Eier
8 Scheiben Pancetta oder geräucherter durchwachsener Speck, in hauchdünne Scheiben geschnitten
4 Roggenbrötchen (siehe Seite 49)
200 g frische junge Spinatblätter
Salz, Pfeffer

In einer tiefen Pfanne einen Liter Wasser mit dem Essig zum Kochen bringen. Die Eier einzeln in eine kleine Form schlagen und vorsichtig in das Wasser gleiten lassen. Die Hitze reduzieren und die Eier in schwach siedendem Wasser 3–4 Minuten, je nach gewünschter Festigkeit, garziehen lassen. Mit einem Schaumlöffel die Eier aus dem Wasser nehmen und die Eiweißränder zuschneiden.

In der Zwischenzeit die Speckscheiben unter dem Grill knusprig braun rösten, dabei das Fett auffangen. Roggenbrötchen halbieren und toasten. Spinatblätter waschen und abtropfen lassen. Jeweils die Unterseite eines Brötchens mit Spinatblättern belegen und mit dem aufgefangenen Speckfett beträufeln. Mit frisch gemahlenem Pfeffer würzen, mit einem pochierten Ei belegen und nochmals mit Salz und Pfeffer würzen. Auf jedes Ei zwei Scheiben gerösteten Speck legen und mit der zweiten Brötchenhälfte bedecken.

Charentais-Melone mit Ingwer und Basilikum

Ingwer verleiht vielen Speisen und Getränken das gewisse Etwas. Außerdem finde ich, dass er mir genau den richtigen Kick verschafft, den ich auf den letzten Metern eines Rennens so dringend brauche. Diese wunderbare Wurzel fördert die Verdauung, regt den Kreislauf an und wirkt sehr stark antioxidierend und entzündungshemmend. Eines meiner Lieblingsgetränke nach dem Essen ist ein Tee, für den ich dünn geschnittenen frischen Ingwer und ein Stück zerdrücktes Zitronengras mit kochendem Wasser überbrühe und fünf Minuten ziehen lasse. Dieser Tee wirkt Wunder nach einem schweren Essen.

FÜR 6 PERSONEN
2 vollreife Charentais-Melonen (oder eine andere Zuckermelone)
6 Eiswürfel
10 Basilikumblätter sowie einige Blättchen zum Garnieren
20–30 g frischer Ingwer, geschält und in Würfel geschnitten
Weißer Pfeffer

Die Melonen achteln und schälen, Samen entfernen und in Stücke schneiden. Melonenstücke mit den Eiswürfeln, Basilikumblättern und Ingwerwürfeln im Mixer pürieren. Eventuell durch ein grobmaschiges Sieb abseihen. Nach Geschmack mit weißem Pfeffer würzen und mit Basilikumblättchen garnieren.

Pfirsich-Mandel-Getränk

FÜR 4 PERSONEN
5 vollreife weiße Pfirsiche
Zucker (nach Belieben)

Die Pfirsiche waschen, halbieren und Kerne herausnehmen. Die Kerne auf einer harten Oberfläche mit dem Fleischhammer oder der Rückseite eines stabilen Messers aufknacken und die weichen Innenteile herauslösen. Sie schmecken wie Bittermandeln und verleihen dem Pfirsichgetränk eine ganz besonders aparte Note.

Acht Pfirsichhälften und vier weiche Kerne in einen Mixer geben und nach Geschmack Zucker zufügen – bei wirklich ausgereiften Früchten ist eine zusätzliche Zuckergabe in aller Regel überflüssig. Früchte und Kerne pürieren und – wenn nötig – durch ein Sieb abseihen. Den übrig gebliebenen Pfirsich in Scheiben schneiden. Fruchtpüree in Gläser füllen und mit jeweils einer Pfirsichscheibe und einer Mandelhippe (siehe Seite 38) dekorieren.

Heidelbeer-Bananen-Shake

FÜR 6 PERSONEN
3 vollreife Bananen
250 g Heidelbeeren
200 ml Milch
2 EL Ahornsirup

Bananen schälen und in Stücke schneiden, mit den übrigen Zutaten – einige Heidelbeeren für die Garnitur zurücklassen – im Mixer pürieren. In Portionsgläser füllen und mit jeweils ein paar Beeren und eventuell Bananenchips garnieren. Für die Bananenchips eine feste, noch nicht reife Banane längs in möglichst dünne Scheiben schneiden. Die Scheiben auf eine antihaftbeschichtete Backunterlage legen, mit Puderzucker bestreuen und im Backofen bei 110 °C (Gas Stufe 1) trocknen, bis sie braun und knusprig aussehen. Die Bananenchips können einige Tage aufbewahrt werden.

Kirschcocktail mit Zimt

Kirschen sind reich an Vitamin C und Bioflavonoiden, sie haben eine antioxidierende Wirkung und schmecken einfach köstlich. Ein Getränk wie dieses schmeckt am besten frisch zubereitet, allerdings würde ich es nicht vor einem Lauf zu mir nehmen, denn die Ansammlung von Säure im Magen könnte leicht zu Sodbrennen führen.

FÜR 4 PERSONEN
250 g dunkle Herzkirschen
250 g helle Süßkirschen
1 Apfel der Sorte Granny Smith
Saft von 1 Zitrone
2 TL heller Demerara-Zucker
2 TL gemahlener Zimt und 4 Stücke Zimtrinde für die Garnitur

Kirschen waschen, Stiele entfernen und entsteinen. Den Apfel schälen, entkernen und halbieren. Die hellen Kirschen mit einer Apfelhälfte, der Hälfte des Zitronensaftes, einem Teelöffel Zucker und – wenn nötig – etwas Wasser in den Mixer geben und pürieren. Durch ein grobmaschiges Sieb abseihen. Den Vorgang mit den dunklen Kirschen, der zweiten Apfelhälfte, dem restlichen Zitronensaft und Zucker wiederholen. Vorsichtig beide Saftsorten gleichzeitig in hohe Portionsgläser gießen. Mit etwas Zimtpulver bestreuen und mit jeweils einem Stück Zimtrinde dekorieren.

Mandelhippen

ERGIBT 20 – 30 STÜCK
80 g weiche Butter
120 g Puderzucker
3 Eiweiße
Mark von 1 Vanilleschote
75 g Mehl
50 g gehobelte Mandeln

Backofen auf 220 °C (Gas Stufe 7) vorheizen. Butter mit dem Zucker schaumig rühren. Nach und nach die Eiweiße und das Vanillemark unterrühren. Mehl darüber sieben und unterheben. Teig 10 Minuten ruhen lassen.

Mit dem Spritzbeutel Teig in runden oder länglichen Formen auf eine antihaftbeschichtete Backunterlage spritzen und mit den Mandeln bestreuen. Im heißen Backofen etwa 10 Minuten hellbraun backen. Aus dem Ofen nehmen, die Hippenblätter noch heiß über ein Nudelholz legen und leicht rund biegen oder in eine Tasse drücken und so in die gewünschte Form biegen.

Mandel-Honig-Aufstrich

Honig und Mandeln stärken das Immunsystem, helfen also dem Körper bei der Abwehr von Infektionen. Mandeln sind darüber hinaus reich an wichtigen Vitaminen, Mineralien und Eiweiß. Mit diesem Rezept können Sie sich einen gleichermaßen gesunden und köstlichen Aufstrich für ihr Frühstücksbrot zubereiten.

ERGIBT 1 GROSSES GLAS
120 g Mandeln guter Qualität, blanchiert und gehackt oder im Ganzen
250 ml Wasser
3 EL dünnflüssiger Honig

Alle Zutaten im Mixer pürieren. Wenn Sie Ihren Aufstrich grob und knackig bevorzugen, behalten Sie einige gehackte Mandeln zurück und geben Sie sie erst nach dem Pürieren zu der Masse. Sie können den Aufstrich auch mit ein paar Tropfen Vanille- oder Bittermandelöl verfeinern. Füllen Sie den fertigen Aufstrich in ein luftdicht verschließbares Gefäß, etwa ein sauberes Marmeladenglas, und bewahren Sie ihn im Kühlschrank auf. Er hält sich mehrere Wochen.

Bananen-Orangen-Marmelade mit Zimt

ERGIBT 1 GROSSES GLAS MARMELADE
Saft von 1 Zitrone
Saft von 1 Orange
50 g Vollrohrzucker, z.B. Rapadura
5 Bananen, in Scheiben geschnitten
1 Prise Zimt
Mark von 1 Vanilleschote

Orangen- und Zitronensaft mit dem Zucker in einem Topf zum Kochen bringen. 3 Minuten kochen, dann die Bananenscheiben, Zimt und Vanillemark dazugeben. Weitere 10–12 Minuten kochen, dabei die Bananen mit einer Gabel zerdrücken. Die kochend heiße Marmelade in ein sauberes Glas füllen und sofort verschließen. Im Kühlschrank aufbewahren und innerhalb von 2 Wochen verbrauchen.

Schokoladenaufstrich mit gebrannten Mandeln und Haselnüssen

ERGIBT 1 GROSSES GLAS
100 g enthäutete Haselnusskerne
100 g Mandeln, blanchiert
160 g Edelbitterschokolade (70% Kakaoanteil)
80 g Vollrohrzucker, z.B. Rapadura
160 ml Wasser

Haselnüsse und Mandeln im Backofen bei 180 °C (Gas Stufe 4) auf einem Backblech goldgelb rösten. Die Schokolade zerkleinern und bei geringer Hitze im Wasserbad schmelzen lassen.

Für die gebrannten Nüsse den Zucker mit 50 Milliliter Wasser in einen Topf geben. Aufkochen lassen und gelegentlich rühren, bis der Zucker sich vollständig aufgelöst hat, dann die Flüssigkeit einkochen und karamellisieren lassen. Geröstete Mandeln und Nüsse zugeben, 2 Minuten kochen, dann das restliche Wasser zugießen. Aufkochen lassen und 2 Minuten kochen, den Topf vom Herd ziehen und die Masse etwas auskühlen lassen. Mandel-Haselnuss-Masse mit der geschmolzenen Schokolade in den Mixer geben und pürieren. In ein Marmeladenglas oder ein anderes fest verschließbares Gefäß füllen und im Kühlschrank aufbewahren. Der Aufstrich hält sich mehrere Wochen.

Kedgeree

FÜR 6 PERSONEN
80 g Butter
1 EL Currypulver
350 g Basmatireis
500 ml Hühnerfond oder Gemüsebrühe (siehe Seite 122)
4 Lorbeerblätter
Einige Safranfäden
500 g geräucherter Schellfisch, enthäutet und entgrätet
2 Eier
4 Frühlingszwiebeln
2 milde grüne Chilischoten
1 Bund Koriandergrün, gehackt
Salz, Pfeffer

Backofen auf 200 °C (Gas Stufe 6) vorheizen. In einem feuerfesten Topf die Hälfte der Butter schmelzen und Currypulver 2–3 Minuten anschwitzen. Reis zugeben und unter ständigem Rühren anrösten, bis alle Reiskörner mit Butter überzogen sind. Brühe zugießen, Lorbeerblätter und Safran zugeben und zum Kochen bringen. Fisch in größere Stücke teilen, in den Topf geben und mit Reis bedecken. Topf mit einem Deckel schließen und im Backofen 15 Minuten garen. Aus dem Ofen nehmen und zugedeckt 10 Minuten ruhen lassen.

Inzwischen die Eier hart kochen und grob hacken. Frühlingszwiebeln und Chilischoten in dünne Ringe schneiden, dabei Chilisamen entfernen, wenn das Gericht weniger scharf ausfallen soll.

Topfdeckel abnehmen und mit einer Gabel den Reis lockern, dabei den Fisch in mundgerechte Stücke zerteilen. Restliche Butter hinzufügen, abschmecken und zum Schluss die gehackten Eier, Frühlingszwiebeln, Chilis und das gehackte Koriandergrün unterheben. Mit Salz und Pfeffer abschmecken. Heiß servieren.

Baguettetoast mit Schokolade

Der Wohlfühleffekt, den Schokolade zweifelsohne auslöst, bringt es mit sich, dass viele zu Schokolade greifen, wenn sie sich müde und abgespannt fühlen. Der augenblickliche Anstieg des Blutzuckers kann jedoch süchtig machen, zudem strotzen die üblichen pappsüßen Milchschokoladeriegel nur so vor Fett und leeren Kalorien. Obwohl Schokolade nur einen geringen Nährwert besitzt, bereitet ihr Genuss uns doch immenses Vergnügen, und deshalb sollten Sie, wenn Sie Lust auf Schokolade haben, sich etwas wirklich Gutes gönnen – Sie verdienen es. Diese etwas ungewöhnliche Kombination ist absolut köstlich. Genießen Sie sie als kleine Mahlzeit zwischendurch, zum Frühstück oder anstelle eines Desserts.

FÜR 6 PERSONEN

18 Scheiben französisches Stangenbrot, schräg geschnitten, jeweils etwa 1 cm dick
Olivenöl, vorzugsweise eine Sorte mit intensivem, pfeffrigem Aroma
500 g Edelbitterschokolade (70% Kakaoanteil), in Stücke gebrochen
Meersalz

Backofen auf 130 °C (Gas Stufe 1) vorheizen. Baguettescheiben leicht toasten. Jede Scheibe mit ein paar Tropfen Olivenöl beträufeln und mit Schokoladenstückchen belegen. Die Brotscheiben in den Ofen schieben. Herausnehmen, wenn die Schokolade eben anfängt zu schmelzen, aber noch nicht flüssig ist. Auf Tellern anrichten, jede Scheibe mit etwas Olivenöl beträufeln und mit ein paar Salzkörnern bestreuen.

Carpaccio von Ananas und Kokosnuss

FÜR 6 PERSONEN
1 große ausgereifte Ananas
1 Kiwi
1 EL Puderzucker
1 EL Wasser
2 Bund Koriandergrün
Etwas frische Kokosnuss oder Kokosnusschips (erhältlich in Bioläden und Reformhäusern)

Ananas schälen, dabei Augen sorgfältig entfernen. Am spitzen Ende der Frucht beginnend, die Ananas quer in möglichst dünne Scheiben schneiden. Die ersten sechs Scheiben nebeneinander auf eine antihaftbeschichtete Backunterlage oder auf Backpapier legen und mit Pergamentpapier bedecken. Im Backofen bei 100 °C (Gas Stufe 1) 3–4 Stunden trocknen, bis die Scheiben fest sind. Die restlichen Ananasscheiben halbieren und den Strunk herausschneiden. Die Scheiben auf großen flachen Tellern anrichten und kalt stellen.

Die Kiwi schälen und mit dem Puderzucker, Wasser und Koriandergrün pürieren – einige Korianderblätter für die Garnitur zurückbehalten. Mit einem Löffel das Kiwimus im Zickzackmuster auf die Ananasscheiben träufeln. Jeden Teller vor dem Servieren mit jeweils einer Scheibe getrockneter Ananas belegen und mit Korianderblättchen und Kokosnusschips bestreuen. Wenn Sie frische Kokosnuss verwenden, schlagen Sie die Nuss auf und schneiden Sie mit dem Sparschäler dünne Späne von dem weißen Kokosfleisch ab.

2

Brot und Brötchen

Brot selbst zu backen ist nicht schwierig, wenn Sie erst einmal den Dreh heraushaben, außerdem schmeckt selbst gebackenes Brot so köstlich, dass sich die Mühe unbedingt lohnt. Die Teige für die hier vorgestellten Brotsorten können Sie in jeder herkömmlichen Küchenmaschine mit Rührwerk zubereiten; auf diese Weise wird das Brotbacken fast zum Kinderspiel. Sollten Sie keine Küchenmaschine haben oder es gar vorziehen, den Teig von Hand zu kneten, so müssen Sie gute zehn Minuten für diese Arbeit rechnen – am besten betrachten Sie diese Zeit als Training für Ihre Armmuskeln! Hier noch einige Tipps: Ich persönlich verwende frische Hefe, aber Sie können auch Trockenhefe nehmen, wenn Sie dies vorziehen. Bitte das Mehl immer zuerst sieben. Wenn Sie den Backofen zum Vorheizen einschalten, stellen Sie ein Gefäß mit etwa 300 Milliliter Wasser auf den Boden des Ofens. Der sich bildende Wasserdampf verhindert, dass das Brot beim Backen austrocknet. Zur Garprobe drehen Sie den Brotlaib um und klopfen mit den Fingern auf die Unterseite – wenn er hohl klingt, ist das Brot durchgebacken.

Vollkornbrot

ERGIBT 2 LAIBE
15 g frische Hefe
250 ml warmes Wasser
100 g Weizenmehl, Type 550
150 g Weizenvollkornmehl
300 g Dinkelmehl
300 g Roggenmehl
3 TL Salz
250 ml warmes Wasser

Die Hefe im warmen Wasser auflösen und mit dem Weizenmehl und dem Weizenvollkornmehl vermengen. Diesen Vorteig zugedeckt etwa 1 Stunde gehen lassen, bis er sein Volumen verdoppelt hat. Vorteig in die Rührschüssel der Küchenmaschine geben. Das Salz im warmen Wasser auflösen und mit dem Dinkel- und Roggenmehl zu dem Vorteig geben. Mit dem Knethaken der Küchenmaschine bei geringer Geschwindigkeit zu einem geschmeidigen Teig verkneten oder tüchtig von Hand kneten. Zugedeckt etwa 2 Stunden gehen lassen, bis der Teig sein Volumen verdoppelt hat.

Den Teig von Hand kurz durchkneten, auf eine mit Mehl bestäubte Arbeitsfläche setzen und zu zwei großen runden Laiben (je 550 Gramm) oder kleinen Brötchen (je 40 Gramm) formen. Die Laibe oder Brötchen auf ein mit Backpapier ausgelegtes Backblech legen und zugedeckt 1 Stunde gehen lassen. Backofen auf 230 °C (Gas Stufe 8) vorheizen. Mit einem sehr scharfen Messer die Oberflächen der Brote etwa sechs Millimeter tief einritzen und die Brote sofort in den heißen Ofen schieben. Die Brotlaibe etwa 1 Stunde, die Brötchen 20 Minuten backen.

Weiche Roggenbrötchen

ERGIBT 12–15 STÜCK
30 g Milchpulver
40 g Hefe
600 ml lauwarmes Wasser
600 g Weizenmehl, Type 550
400 g dunkles Roggenmehl
30 g Salz
1 EL Zucker
100 g Butter, geschmolzen

Milchpulver und Hefe im lauwarmen Wasser auflösen und die beiden Mehlsorten zugeben. Mischung mit dem Knethaken der Küchenmaschine bei geringer Geschwindigkeit 1 Minute kneten. Salz und Zucker zugeben, Geschwindigkeit etwas erhöhen und in weiteren 5 Minuten zu einem geschmeidigen Teig verkneten. Nach 3 Minuten den Teig, der sich am oberen Ende des Knethakens angesammelt hat, zurück in die Schüssel schieben, damit er sich gut mit dem restlichen Teig vermischt. Die lauwarme, geschmolzene Butter zugeben und alles weiterkneten, bis eine homogene Mischung entstanden ist. Den Teig mit einem feuchten Tuch bedeckt 30 Minuten gehen lassen, bis er sein Volumen verdoppelt hat.

Den aufgegangenen Teig kurz von Hand durchkneten, auf eine mit Mehl bestäubte Arbeitsfläche setzen und zu kleinen Brötchen von je 120 Gramm formen. Brötchen auf ein mit Backpapier ausgelegtes Backblech setzen, mit etwas Mehl bestäuben und zugedeckt 20 Minuten gehen lassen, bis sie ihr Volumen nahezu verdoppelt haben. Backofen auf 220 °C (Gas Stufe 7) vorheizen. Brötchen etwa 16 Minuten backen und auf einem Kuchengitter auskühlen lassen.

Kräuter-Sellerie-Brot

ERGIBT 1 BROT
250 g Weizenvollkornmehl
250 g Weizenmehl, Type 1050
1 TL Natron
1 TL Salz
1 TL Selleriesalz
1 mittelgroße Zwiebel
2 Stangen Bleichsellerie
2 TL Selleriesamen
65 g Butter
250 ml Milch
Saft von 1 Zitrone
1 Bund frische Minze, gehackt
2 Bund glatte Petersilie, gehackt
1 Bund Liebstöckel (ersatzweise Sellerieblätter), gehackt

Backofen auf 200 °C (Gas Stufe 6) vorheizen. Die beiden Mehlsorten, Natron, Salz und Selleriesalz in einer großen Rührschüssel vermischen. Die Zwiebel abziehen. Zwiebel und Stangensellerie sehr fein würfeln und in einer Pfanne zusammen mit den Selleriesamen in der Hälfte der Butter anschwitzen, ohne dass sie Farbe annehmen. Auskühlen lassen.

Die restliche Butter unter das Mehl krümeln, die ausgekühlte Zwiebel-Sellerie-Mischung zusammen mit der in der Pfanne befindlichen Butter zufügen und alles gut vermengen. In die Mitte der Mischung eine Mulde drücken und Milch und Zitronensaft hineingießen. Das Mehl mit der Flüssigkeit verrühren, so dass ein weicher, aber nicht klebriger Teig entsteht, dann die gehackten Kräuter dazugeben. Den Teig auf eine leicht mit Mehl bestäubte Arbeitsfläche setzen, gut kneten und zu einem länglichen Laib formen.

Teig in eine leicht gefettete Kastenform (24 mal 10 Zentimeter) füllen. Mit einem scharfen Messer Oberfläche kreuzförmig tief einritzen. Etwa 40–50 Minuten backen, bis das Brot hohl klingt, wenn man mit den Fingern auf die Unterseite klopft. Auf einem Kuchengitter auskühlen lassen.

Irisches Buttermilchbrot

ERGIBT 1 BROT
250 g Weizenvollkornmehl
50 g Weizenmehl, Type 550
50 g mittelgrobes Hafermehl
50 g Weizenkeime
1 ½ TL Natron
1 ½ TL Salz
1 EL Vollrohrzucker, z. B. Rapadura
1 großes Ei
300 ml Buttermilch

Backofen auf 190 °C (Gas Stufe 5) vorheizen. Die trockenen Zutaten vermischen und in die Mitte eine Mulde drücken. Ei hineinschlagen. Mit den Fingerspitzen das Ei mit etwas Mehl verkrümeln, dann die Buttermilch nach und nach dazugießen und weiterarbeiten, bis das Mehl die gesamte Flüssigkeit aufgenommen hat. Der Teig sollte elastisch, aber nicht allzu klebrig sein; wenn nötig, etwas Mehl hinzufügen.

Den Teig zu einem länglichen Laib formen, auf ein mit Backpapier ausgelegtes Backblech legen und 1 Stunde backen. Auf einem Kuchengitter auskühlen lassen.

Steinpilz-Knoblauch-Brot

Dieses Brot können Sie sowohl als Beigabe zu fast allen Salaten, Suppen und Fleischgerichten reichen als auch als eigenständige Mahlzeit genießen.

ERGIBT 1 GROSSES BROT
60 g getrocknete Steinpilze
425 ml warmes Wasser
25 g frische Hefe
400 g Weizenmehl, Type 1050
1 EL Olivenöl
100 g Dinkelmehl
100 g Roggenmehl
1 gestrichener EL Salz
1 EL frische Thymianblättchen

Die Steinpilze in 150 Milliliter Wasser 30 Minuten einweichen. Die Hefe in dem restlichen Wasser auflösen, das Weizenmehl mit einem Holzlöffel unterrühren. Diesen Vorteig zugedeckt an einem warmen Ort gehen lassen, bis er sein Volumen verdoppelt hat. Steinpilze abgießen, Einweichwasser auffangen und Pilze in einer Pfanne in dem Olivenöl unter ständigem Rühren 1 Minute braten. Beiseite stellen.

In der Rührschüssel der Küchenmaschine das Einweichwasser der Pilze, die restlichen beiden Mehlsorten, Salz, Thymian und den Vorteig mit dem Knethaken der Küchenmaschine in 10 Minuten zu einem Teig verkneten. Zugedeckt 30 Minuten gehen lassen. Teig kurz von Hand durchkneten, dann behutsam nach und nach die Steinpilze und das Knoblauch-Confit (siehe unten) einarbeiten, ohne die Knoblauchzehen zu zerdrücken. Am besten dazu jeweils etwas Steinpilze und Knoblauch auf den Teig geben und Teig zusammenfalten. Vorgang wiederholen, bis alles eingearbeitet ist. Teig zu einem Laib formen und auf ein mit Backpapier ausgelegtes Backblech legen. Mit einem Geschirrtuch bedecken und 30 Minuten gehen lassen. Backofen auf 220 °C (Gas Stufe 7) vorheizen und das Brot 35–40 Minuten backen.

Für das Knoblauch-Confit:

12 Knoblauchzehen
Meersalz, Olivenöl

Knoblauchzehen abziehen, in kochendem Wasser blanchieren, abtropfen lassen. Auf Aluminiumfolie legen, mit etwas Meersalz bestreuen und mit einem großzügigen Schuss Olivenöl begießen. Alufolie an den Rändern zusammennehmen und zu einem losen Päckchen falten. In eine ofenfeste Form legen und bei 170 °C (Gas Stufe 3) 1 Stunde im Backofen garen. Während des Garens das Päckchen drei- bis viermal schütteln. Knoblauch-Confit vor der Weiterverwendung auskühlen lassen.

Körner-Malz-Brot

ERGIBT 2 BROTE
20 g frische Hefe
450 ml lauwarmes Wasser
200 g Weizenmehl, Type 1050
200 g Dinkelmehl
100 g Weizenvollkornmehl
100 g Roggenmehl
1 gestrichener EL Salz
3 EL Malzsirup
Jeweils 1 EL Hirse, Haferflocken, Leinsamen, Sonnenblumenkerne, Weizenkleie, Weizenkeime

Die Hefe in der Hälfte der Wassermenge auflösen und die verschiedenen Mehle, Salz, Malz und die diversen Samen und Körner zugeben. Mit der Hand oder dem Knethaken der Küchenmaschine zu einem Teig verkneten, dabei nach und nach das restliche Wasser zugießen. Wenn der Teig weich und elastisch, aber noch nicht klebrig ist, kein Wasser mehr zufügen. Weitere 10 Minuten kneten. Als Faustregel gilt: Je mehr Wasser dem Teig zugefügt wird, desto leichter wird das fertige Brot. Den Teig zugedeckt an einem warmen Ort 90 Minuten gehen lassen.

Teig kurz von Hand durchkneten, auf eine mit Mehl bestäubte Arbeitsfläche setzen und in zwei Hälften teilen. Teig (je 450 Gramm) in zwei beschichtete Brotbackformen setzen und zugedeckt 40 Minuten gehen lassen. Im vorgeheizten Backofen bei 230 °C (Gas Stufe 8) 10 Minuten backen, dann Hitze auf 200 °C (Gas Stufe 6) reduzieren und weitere 30 Minuten backen, bis die Brote gar sind.

Dehnen der Kniesehne

Der Name »Marathonlauf« geht auf einen Ort im antiken Griechenland zurück. Im Jahr 490 v. Chr., zur Zeit der Perserkriege, legte ein Läufer die etwa 42 Kilometer lange Strecke von der Ebene bei Marathon nach Athen zurück und überbrachte den Griechen die Nachricht vom Sieg über die Perser.

Käse-Majoran-Brötchen

ERGIBT 30 STÜCK
25 g frische Hefe
460 ml warmes Wasser
100 ml warme Milch, dazu etwas Milch zum Bestreichen der Brötchen
1 kg Weizenmehl, Type 550
2 TL Salz
20 g Zucker
1 Ei
2 EL Olivenöl
100 g Parmesankäse, frisch gerieben
Blättchen von 1 Bund Majoran
300 g Cheddar-Käse oder Emmentaler, in 30 dünne Scheiben geschnitten

Die Hefe in dem warmen Wasser und der warmen Milch auflösen und Mehl, Salz, Zucker, Ei und Öl zugeben. Mit der Hand oder dem Knethaken der Küchenmaschine in 12–15 Minuten zu einem Teig verkneten. Zugedeckt 90 Minuten gehen lassen.

Den Teig nochmals kurz von Hand durchkneten und dabei Parmesankäse und Majoranblättchen einarbeiten. Nicht zu lange kneten! Teig in 30 Stücke zu je 60 Gramm teilen, Brötchen formen und auf ein mit Backpapier ausgelegtes Backblech legen. Zugedeckt 20 Minuten gehen lassen.

Backofen auf 190 °C (Gas Stufe 5) vorheizen. Brötchen mit etwas Milch bestreichen. Mit einer scharfen Schere die Brötchen an der Oberfläche kreuzförmig tief einschneiden und jeweils eine dünne Scheibe reifen Cheddar-Käse oder Emmentaler in den Schlitz stecken. Die Brötchen 25–30 Minuten backen und auf einem Kuchengitter auskühlen lassen.

Pfefferbrötchen

ERGIBT 12–14 STÜCK
20 g frische Hefe
300 ml warme Milch
500 g Weizenmehl, Type 550
1 EL Zucker
2 TL Salz
20 g schwarze Pfefferkörner, zerstoßen

Die Hefe in der warmen Milch auflösen und nach und nach Mehl, Zucker, Salz und Pfeffer unterrühren. Mit der Hand oder dem Knethaken der Küchenmaschine zu einem weichen, geschmeidigen Teig verkneten. Zugedeckt etwa 30 Minuten an einem warmen Ort gehen lassen, bis der Teig sein Volumen verdoppelt hat. Teig auf einer mit Mehl bestäubten Arbeitsfläche mit den Händen kurz durchkneten. In 12 bis 14 Stücke zu etwa 60 Gramm teilen und zu Kugeln formen. Dabei die Hand über das Teigstück wölben und es auf der bemehlten Arbeitsfläche im Kreis bewegen, bis ein vollkommen rundes, weiches Bällchen entstanden ist. Die Teigbällchen auf ein mit Backpapier ausgelegtes Backblech setzen, mit einem Tuch bedecken und 20 Minuten gehen lassen. Backofen auf 220 °C (Gas Stufe 7) vorheizen und die Brötchen 15–20 Minuten backen.

Nussbrot mit Trockenfrüchten

ERGIBT 3 BROTE
50 g frische Hefe
1,25 l warmes Wasser
1,2 kg Weizenmehl, Type 1050
35 g Salz
125 g helles Roggenmehl
375 g Weizenvollkornmehl
100 g Sultaninen
100 g Walnüsse
60 g Haselnüsse
60 g getrocknete Aprikosen, in Scheiben geschnitten

Die Hefe in einem Liter warmem Wasser auflösen und Weizenmehl und Salz unterrühren. Mit dem Knethaken der Küchenmaschine oder von Hand in etwa 10 Minuten zu einem elastischen Teig verkneten, bis sich der Teig vom Schüsselrand löst. Teig mit einem feuchten Tuch bedecken und an einem warmen, zugfreien Ort etwa 60–90 Minuten gehen lassen, bis er sein Volumen verdoppelt hat.

Erneut kneten, in der Küchenmaschine oder von Hand, und dabei die restlichen 250 Milliliter Wasser mit dem Roggenmehl und dem Weizenvollkornmehl untermengen. Weiterkneten, bis sich das Mehl mit dem Wasser völlig verbunden hat, dann mit der Hand die Trockenfrüchte und Nüsse in den Teig einarbeiten. Teig zu drei länglichen Laiben formen und auf ein mit Backpapier ausgelegtes Backblech oder in leicht gefettete Brotbackformen legen. Die Brote mit einem feuchten Tuch bedecken und etwa 30 Minuten gehen lassen, bis sie ihr Volumen um ein Drittel vergrößert haben. Backofen auf 250 °C (Gas Stufe 9) vorheizen.

Die Brote in den heißen Ofen schieben und die Temperatur auf 220 °C (Gas Stufe 7) reduzieren. Brote etwa 25–35 Minuten backen. Garprobe machen. Wenn Sie mit den Fingern auf die Unterseite des Brotes klopfen, sollte es hohl klingen. Auf einem Kuchengitter auskühlen lassen. Dieses Brot schmeckt vorzüglich, entweder leicht getoastet zum Frühstück oder als Beigabe zu Käse.

Italienische Ciabatta

ERGIBT 1 BROT
12 g frische Hefe
200 ml warmes Wasser
300 g Weizenmehl, Type 550
1 TL Salz
3 EL Olivenöl

Die Hefe in dem warmen Wasser auflösen und das gesiebte Mehl mit dem Salz unterrühren. In 5–6 Minuten zu einem geschmeidigen Teig verkneten. Auch wenn sich die Mischung anfangs feucht und klebrig anfühlt, kein zusätzliches Mehl zugeben. Eine Schüssel mit etwas Olivenöl auspinseln und den Teig hineingeben. Schüssel mit Klarsichtfolie bedecken und den Teig an einem warmen Ort 40 Minuten gehen lassen. Teig kurz von Hand durchkneten und das restliche Olivenöl zugeben. Kurz alles miteinander verkneten. Den Teig auf ein mit Backpapier ausgelegtes Backblech geben und zu einem länglichen Laib formen. Oberfläche etwas flach drücken und mit Mehl bestäuben. Mit einem trockenen Küchentuch bedeckt etwa 40 Minuten gehen lassen. Backofen auf 220 °C (Gas Stufe 7) vorheizen und Brot 30–35 Minuten backen. Auskühlen lassen.

Fladenbrot mit Oliven

ERGIBT 1 GROSSES BROT
500 g Weizenmehl, Type 550
1 gehäufter TL Salz
20 g frische Hefe
300 ml lauwarmes Wasser
85 g aromatische Oliven, entsteint (am besten offene Ware vom Markt)
4 EL Olivenöl
1 EL Thymianblättchen und Rosmarinnadeln

Mehl mit dem Salz sieben, die Hefe in dem lauwarmen Wasser auflösen und alles zu einem Teig vermengen, dabei mindestens 12 Minuten kneten. Teig zugedeckt 45 Minuten gehen lassen. Auf eine mit Mehl bestäubte Arbeitsfläche setzen und Oliven, Olivenöl, Thymianblättchen und Rosmarinnadeln einarbeiten. Den Teig zu einer Kugel formen und 15 Millimeter dick ausrollen. Den Fladen auf ein mit Backpapier ausgelegtes Backblech legen und mit einem Messer sechsmal tief einschneiden. Die Einschnitte sollen wie Blattrippen aussehen. Einschnitte mit den Fingern vorsichtig etwas auseinander ziehen. Den Fladen zugedeckt 20–30 Minuten gehen lassen. Backofen auf 230 °C (Gas Stufe 8) vorheizen und das Brot 20 Minuten backen.

Fladenbrot mit Basilikum und Sardellen

ERGIBT 1 GROSSES BROT
25 g frische Hefe
350 ml lauwarmes Wasser
750 g Weizenmehl, Type 550
3 EL Olivenöl
1 gehäufter TL Zucker
2 TL Salz
12 Sardellenfilets
1 Bund Basilikum
2 Knoblauchzehen, abgezogen und grob gehackt
Schwarzer Pfeffer, zerstoßen

Die Hefe in lauwarmem Wasser auflösen und mit dem gesiebten Mehl, Olivenöl, Zucker und Salz zu einem weichen, geschmeidigen Teig verkneten. Zugedeckt 30–40 Minuten gehen lassen, bis der Teig sein Volumen verdoppelt hat. Auf einer leicht mit Mehl bestäubten Arbeitsfläche den Teig zwei Zentimeter dick ausrollen. Teigplatte auf ein mit Backpapier ausgelegtes Backblech legen, in der Mitte mehrmals einschneiden und die Einschnitte etwas auseinander ziehen. Sardellenfilets, Basilikumblätter und grob gehackten Knoblauch gleichmäßig auf dem Fladen verteilen, mit schwarzem Pfeffer bestreuen und 20 Minuten gehen lassen. Backofen auf 220 °C (Gas Stufe 7) vorheizen und den Fladen 20–30 Minuten backen.

Olivenölbrot

ERGIBT 1 BROT
12 g frische Hefe
275 ml warmes Wasser
500 g Weizenmehl, Type 1050
4 EL Olivenöl
1 gehäufter TL feines Salz und 1 Prise grobes Meersalz
Milch zum Bestreichen

Die Hefe in dem warmen Wasser auflösen und mit dem Mehl in 15 Minuten zu einem glänzenden, geschmeidigen Teig verkneten. Olivenöl und feines Salz zugeben und weitere 5 Minuten kneten. Zugedeckt 40 Minuten gehen lassen. Teig kurz durchkneten und zu einem langen Laib formen. Auf ein mit Backpapier ausgelegtes Backblech legen, mit einem Küchentuch bedecken und weitere 20 Minuten gehen lassen. Backofen auf 230 °C (Gas Stufe 8) vorheizen. Die Oberseite des Brotes mit etwas Milch bestreichen, mit grobem Meersalz bestreuen und 30 Minuten backen.

Ziegenkäsebrot

ERGIBT 12 BRÖTCHEN ODER 1 GROSSEN FLADEN
15 g frische Hefe
250 ml warmes Wasser
600 g Dinkelmehl (oder Weizenmehl, Type 550)
60 g gekochte Kartoffeln, gepellt
1 gehäufter TL feines Salz
65 g fester Ziegenkäse
1 EL Thymianblättchen und Rosmarinnadeln
Etwas grobes Meersalz
2 EL Olivenöl

Die Hefe in dem warmen Wasser auflösen und mit dem Mehl, der zerdrückten Kartoffel und dem feinen Salz vermengen. In der Küchenmaschine oder von Hand 10 Minuten kneten, bis ein weicher, elastischer Teig entstanden ist. Zugedeckt an einem warmen Ort etwa 45 Minuten gehen lassen, bis der Teig sein Volumen verdoppelt hat.

Teig kurz von Hand durchkneten und zu zwölf Brötchen formen oder zu einem zwei Zentimeter dicken Fladen ausrollen. Auf ein mit Backpapier ausgelegtes Backblech legen. Käse zerbröckeln und in die Oberseite des Fladens oder der Brötchen drücken. Mit dem Thymian, Rosmarin und etwas grobem Meersalz bestreuen, mit Olivenöl beträufeln und weitere 15 Minuten gehen lassen. Backofen auf 220 °C (Gas Stufe 7) vorheizen. Brötchen 20 Minuten, Fladen 30–40 Minuten backen.

Bereits bei den ersten modernen Olympischen Spielen, die 1896 in Athen stattfanden, war der Marathonlauf olympische Disziplin. Die Strecke war 40 Kilometer lang, und der Sieger, der Grieche Spiridon Louis, legte sie in 2 Stunden, 58 Minuten und 50 Sekunden zurück.

Mais-Fenchel-Brot

ERGIBT 1 GROSSES BROT
30 g frische Hefe
150 ml warmes Wasser
2 TL Honig
200 g Weizenmehl, Type 550
250 g Polenta (Maismehl)
250 ml Milch, dazu 1 EL Milch zum Bestreichen des Brotes
1 TL Salz
2 EL Fenchelsamen

Die Hefe in dem warmen Wasser mit dem Honig auflösen. Mit der Hälfte des Mehls zu einem feuchten Teig verkneten. Den Vorteig zugedeckt an einem warmen Ort etwa 30 Minuten gehen lassen.

Die übrigen Zutaten in die Rührschüssel der Küchenmaschine geben – dabei einen Esslöffel Fenchelsamen für die Garnierung beiseite stellen –, Vorteig dazugeben und alles mit dem Knethaken zu einem weichen, elastischen Teig verkneten.

Teig in eine Kastenform (24 mal 8 Zentimeter) oder Miniförmchen (3 mal 5 Zentimeter) füllen. Zugedeckt an einem warmen Ort 30 Minuten gehen lassen. Backofen auf 220 °C (Gas Stufe 7) vorheizen. Vor dem Backen die Oberseite des Gebäcks mit etwas Milch bestreichen und mit den restlichen Fenchelsamen bestreuen. Je nach Größe des Gebäcks 20–30 Minuten backen.

Dehnung der Oberschenkelmuskulatur

3

Suppen und Vorspeisen

Linsensuppe mit Thymian

FÜR 4 PERSONEN
1 Stange Bleichsellerie
1 kleine Karotte
1 Knoblauchzehe
1 Zwiebel
4 Scheiben geräucherter durchwachsener Speck
1 EL Olivenöl
400 g grüne Linsen
1 l Hühnerfond (siehe Seite 122)
Salz, Pfeffer
1 Bund Thymian

Gemüse schälen, Knoblauch und Zwiebel abziehen und alles fein würfeln. Den Speck in streichholzlange dünne Streifen schneiden. In einem Topf mit schwerem Boden das Olivenöl erhitzen und den Speck und das Gemüse unter gelegentlichem Rühren goldgelb anrösten.

Die Linsen unter fließendem kaltem Wasser waschen und zu dem Gemüse geben. Den Hühnerfond angießen, zum Kochen bringen, dann die Hitze reduzieren und etwa 45 Minuten garen, bis die Linsen weich sind. Mit Salz und Pfeffer abschmecken und mit Thymianblättchen bestreuen. Mit Pfefferbrötchen (siehe Seite 54) oder Mais-Fenchel-Brot (siehe Seite 61) servieren.

Wenn Sie eine etwas cremigere Suppe bevorzugen, die Suppe nach dem Garen kurz mit dem Schneidstab pürieren. Vorher ein paar Esslöffel Linsen aus dem Topf nehmen und nach dem Pürieren die Suppe damit garnieren.

Wichtig ist, viel Wasser zu trinken.

Die heute übliche Marathonstrecke beträgt 42,16 Kilometer. Diese Länge wurde bei den Olympischen Spielen 1908 in London exakt festgelegt, denn auf diese Weise konnte man die Läufer vor Schloss Windsor starten und direkt unter der königlichen Loge im White City Stadion ins Ziel einlaufen lassen. Seitdem ist dieses Maß Standard für alle Marathonläufe.

Knoblauchsuppe mit Salbei

In Südfrankreich, wo dieses Rezept beheimatet ist, wird diese Suppe l'aigo boulido, *wörtlich »gekochter Knoblauch«, genannt. Knoblauch tötet Bakterien und Viren und wirkt abschwellend, und deshalb empfiehlt man diese Suppe gern, wenn jemand nicht auf dem Damm ist, oder überhaupt eine Entgiftung des Körpers ratsam wäre. Verstärkt wird diese Wirkung durch einen Hauch Salbei, ein Gewürz, das ebenfalls leicht entzündungshemmend wirkt und bei der Verdauung hilft. Jeder Haushalt in le Midi besitzt sein eigenes spezielles Rezept für die* l'aigo boulido, *aber alle stimmen darin überein, dass man dafür am besten den süßlichen, milden Knoblauch der neuen Ernte verwendet. Bärlauch, der im späten Frühjahr wild an Bachläufen wächst, können Sie ebenfalls für diese Suppe nehmen. Rechnen Sie ein Blatt dieses wilden Gemüses statt einer Zehe Knoblauch, aber kochen Sie den Bärlauch nicht, sondern fügen Sie ihn grob gehackt erst nach Ende der Garzeit zu. Eine Alternative wäre eine Mischung aus Bärlauchblättern und Knoblauchzehen.*

FÜR 4 PERSONEN
20 Knoblauchzehen (nach Belieben mehr)
1 l Wasser
Grobes Meersalz
8 Salbeiblätter, in Streifen geschnitten
12 dünne Scheiben altbackenes rustikales Weißbrot
2 EL kräftiges Olivenöl

Knoblauch abziehen und jede Zehe in fünf oder sechs Scheiben schneiden. In einem Topf den Knoblauch mit dem Wasser und etwas Meersalz zum Kochen bringen und 30 Minuten köcheln lassen. Die in Streifen geschnittenen Salbeiblätter zugeben und den Topf vom Herd ziehen. Sehr heiß servieren.

Traditionsgemäß legt sich jeder eine Scheibe altbackenes Brot in seinen Teller, beträufelt es nach Belieben mit Olivenöl und schöpft dann eine Kelle der heißen Suppe darüber. Wenn Sie Ihre Suppe bis auf einen kleinen Rest aufgegessen haben, gießen Sie sich ein Quantum Wein in den Teller und löffeln Sie ihn mit der Suppe vermischt aus – aus rein medizinischen Gründen, versteht sich!

Kürbissuppe mit Krabben und Kürbiskernkräckern

Wenn Sie kleine Kürbisse verwenden, dann servieren Sie doch einmal die fertige Suppe in den ausgehöhlten Schalen. Einen großen Kürbis können Sie ebenfalls aushöhlen und darin die Suppe wie in einer Terrine auf den Tisch stellen.

FÜR 4 PERSONEN
4 kleine Kürbisse zu je 175 g oder 1 großer Kürbis zu 700 g
4 Schalotten
Olivenöl
Salz, Pfeffer, 1 Prise Muskatnuss
1 l Hühnerfond oder Gemüsefond (siehe Seite 122)
200 g geschälte Nordseekrabben

Wenn Sie die Suppe in ausgehöhlten Kürbissen servieren wollen, schneiden Sie einen Deckel ab und schaben Sie das Fruchtfleisch mit einem Löffel heraus. Ansonsten Kürbis schälen. Das Kürbisfleisch sehr fein würfeln und die Schalotten abziehen und hacken. Kürbis und Schalotten in etwas Olivenöl glasig dünsten. Herzhaft mit Salz, Pfeffer und Muskatnuss würzen und mit dem Hühnerfond aufgießen. Zum Kochen bringen und 20 Minuten kochen, mit dem Schneidstab pürieren. Vor dem Servieren die Krabben zugeben. Kürbiskernkräcker (siehe unten) dazu reichen.

Für die Kürbiskernkräcker:

200 g Weizenmehl
Je 1 Prise Salz und Cayennepfeffer
1 TL Backpulver
100 g mittelgrobes Hafermehl
60 g weiche Butter
80 g reifer Cheddar-Käse, gerieben
1 Ei
120 g Kürbiskerne
Milch

Das Weizenmehl mit dem Salz, Cayennepfeffer und Backpulver sieben und mit dem Hafermehl mischen. Butter hinzufügen und mit dem Mehl verkrümeln. Käse, Ei und 80 Gramm Kürbiskerne unterkneten. Nach Bedarf Milch zugeben. Zu einem Teig verkneten und 20 Minuten im Kühlschrank ruhen lassen. Backofen auf 180 °C (Gas Stufe 4) vorheizen. Den Teig drei bis fünf Millimeter dick ausrollen und in Rechtecke schneiden. Mit Milch bestreichen und mit den restlichen Kürbiskernen bestreuen. Auf einem mit Backpapier ausgelegten Backblech 15–20 Minuten backen. Kekse auf dem Blech leicht auskühlen lassen, dann erst herunternehmen.

Maronensuppe mit Äpfeln und Rosmarin

Im Gegensatz zu Nüssen besitzen die Früchte des Esskastanienbaums wertvolle Kohlenhydrate in Form von Ballaststoffen und Stärke. Und sie enthalten so gut wie kein Fett. Einmal wurde ich mit vorgehaltenem Gewehr aus einem Kastanienhain in den Cevennen in Frankreich vertrieben, wo die besten und süßesten Maronen wachsen. Die ersten Früchte der neuen Ernte haben ihren Preis, und die Einheimischen verteidigen ihre Bäume mit allen Mitteln!

FÜR 6 PERSONEN
1 kg frische Maronen
1 l Wasser
Salz, Pfeffer
2 EL Ahornsirup
2 Zweige Rosmarin
4 Äpfel der Sorte Cox Orange oder eine vergleichbare aromatische Sorte

Die Schale der Maronen mit einem spitzen Messer einschneiden, damit sie beim Garen im Backofen nicht explodieren. Auf einem Backblech im Backofen bei 230 °C (Gas Stufe 8) 12–15 Minuten rösten und abkühlen lassen. Wenn die Maronen etwas abgekühlt sind, die äußere Schale und das braune innere Häutchen entfernen.

Zwölf schöne Maronen für die Garnitur beiseite stellen. Die restlichen Maronen mit dem Wasser in einen Topf geben. Zum Kochen bringen, mit Salz und Pfeffer würzen und den Ahornsirup und die Rosmarinzweige zugeben. 20 Minuten bei mittlerer Hitze kochen. Rosmarinzweige entfernen und Suppe mit dem Schneidstab pürieren. Zurück in den Topf geben und wieder zum Kochen bringen. Äpfel schälen, Kernhaus entfernen und in feine Würfel schneiden. Zu den Maronen in den Topf geben und 3 Minuten kochen. In vorgewärmte Teller schöpfen, mit den ganzen Maronen garnieren und servieren.

Brunnenkressesuppe

FÜR 4 PERSONEN
600 g Brunnenkresse
180 g Kartoffeln
600 ml kochendes gesalzenes Wasser
Salz, frisch gemahlener weißer Pfeffer
Crème fraîche (nach Belieben)

Die harten unteren Stiele der Brunnenkresse entfernen. Brunnenkresse mehrmals waschen und dabei alle gelben Blätter entfernen. Kartoffeln schälen und in fünf mal fünf Millimeter große Würfel schneiden. 80 Gramm der gewürfelten Kartoffeln in dem Salzwasser gar kochen und für die Garnitur beiseite stellen.

Einen großen Topf stark erhitzen, die Brunnenkresse hineingeben und unter Rühren zusammenfallen lassen. Mit 600 Milliliter Wasser aufgießen und die restlichen rohen Kartoffelwürfel zugeben. Mit Salz und weißem Pfeffer würzen und 8–10 Minuten kochen, bis die Kartoffelwürfel gar sind. Suppe im Mixer oder mit dem Schneidstab pürieren und durch ein feinmaschiges Spitzsieb streichen. Dabei möglichst rasch arbeiten, damit die Suppe ihre leuchtend grüne Farbe behält. In Suppenteller füllen und mit den gekochten Kartoffelwürfeln garnieren. Heiß oder kalt servieren. Ein Löffel Crème fraîche, unmittelbar vor dem Servieren zugefügt, verleiht der Suppe einen köstlichen Geschmack und ist nicht allzu dekadent.

Cock-a-Leekie

Ein ideales Rezept, um Reste eines Brathähnchens zu verwerten. Kochen Sie die Karkasse für eine Brühe aus.

FÜR 4 PERSONEN
1 ½ l Hühnerfond (siehe Seite 122)
Salz, Pfeffer
200 g Lauch, nur die weißen und gelben Teile
100 g gegartes Hähnchenfleisch
100 g entsteinte Backpflaumen
Petersilie, gehackt

Den Fond zum Kochen bringen und mit Salz und Pfeffer würzen. Die Lauchstangen waschen, in feine Streifen schneiden und in die Brühe geben. 15–20 Minuten kochen. Das Hähnchenfleisch und die Backpflaumen in dünne Streifen schneiden. Beides in die Suppe geben und weitere 2 Minuten kochen. Abschmecken, mit der gehackten Petersilie bestreuen und sehr heiß servieren.

Klare Muschelsuppe mit Krabben und Engelshaar-Pasta

Engelshaar-Pasta findet man in den meisten Delikatessengeschäften, aber Sie können stattdessen auch chinesische Glasnudeln verwenden.

FÜR 6 PERSONEN
1 kg frische Herzmuscheln
1 kg frische Venusmuscheln
75 cl trockener Weißwein, z.B. Chardonnay
300 ml Wasser
200 g Nordseekrabben, geschält
3 Frühlingszwiebeln, in feine Ringe geschnitten
1 rote Chilischote, in feine Streifen geschnitten
120 g Engelshaar-Pasta
Olivenöl
1 Bund glatte Petersilie

Die Muscheln verlesen, geöffnete Muscheln aussortieren und wegwerfen. Muscheln 20 Minuten in kaltes Wasser legen, damit sich Schmutz und Sand lösen, dann abbrausen und abtropfen lassen.

Die Muscheln in einen großen Topf geben, Wein und Wasser zugießen und Topf mit einem Deckel schließen. Bei großer Hitze kochen, dabei Topf gelegentlich rütteln, damit die Muscheln gleichmäßig garen. Die genaue Garzeit richtet sich nach den Kocheigenschaften Ihres Herdes, aber wenn sich die Muschelschalen öffnen und man das Fleisch leicht aus den Schalen lösen kann, nach etwa 4–6 Minuten, sind die Muscheln gar. Einen Durchschlag in eine große Schüssel stellen, Muscheln abgießen und die Kochflüssigkeit auffangen. Muschelfleisch aus den Schalen lösen und beiseite stellen. Um möglichen Sand zu entfernen, die Kochflüssigkeit am besten durch ein Mulltuch abseihen.

Die Muscheln und Krabben gleichmäßig auf sechs Suppenteller verteilen und jeweils mit etwas fein geschnittenen Frühlingszwiebeln und Chilischoten bestreuen. Die Kochflüssigkeit zurück in den Topf gießen, zum Kochen bringen und abschmecken. Die Nudeln in der Kochflüssigkeit garen, was bei dieser Sorte nur Sekunden dauert. Die Nudeln auf die Suppenteller verteilen und jeweils etwas kochend heiße Muschelbrühe darüber schöpfen. Mit ein paar Tropfen Olivenöl beträufeln und etwas gehackter Petersilie bestreuen. Sofort servieren.

Hummer-Lauch-Salat mit Mango-Vinaigrette

FÜR 4 PERSONEN
4 große Stangen Lauch
2 Hummer, je etwa 500 g
Salz, Pfeffer
2 EL Olivenöl
Saft von ½ Zitrone

Lauch putzen und unter fließendem kaltem Wasser waschen. Die dunkelgrünen Blattteile entfernen. Vom gelben Teil beginnend, die Lauchstange schräg in Streifen schneiden, bis noch sechs Zentimeter vom weißen Ende übrig sind. Diesen Teil ganz lassen. Die Streifen und weißen Teile separat in reichlich kochendem Salzwasser weich kochen, in Eiswasser abschrecken und abtropfen lassen.

Die Hummer in kochendem Salzwasser 8 Minuten kochen. Herausnehmen und etwas abkühlen lassen. Die Panzer aufbrechen, das Fleisch herauslösen und in Medaillons schneiden.

Die Lauchstreifen mit etwas Salz und Pfeffer würzen und mit einem Esslöffel Olivenöl und der Hälfte des Zitronensafts beträufeln. Die weißen Teile längs halbieren. Auf jeden Teller etwas Lauchstreifen geben, darauf die in zwei Hälften geschnittene Lauchstange legen. Jeweils ein paar Hummerstücke zwischen die Lauchstangen legen und daneben die Scheren platzieren. Hummerstücke mit der Mango- Vinaigrette (siehe unten) beträufeln und mit ein paar Mangowürfeln und Basilikumblättern garnieren. Dieses Gericht schmeckt am besten bei Zimmertemperatur serviert, also nicht zu lange im Voraus zubereiten.

Für die Mango-Vinaigrette:

1 sehr reife Mango
Salz, Pfeffer
1 Bund Basilikum
Saft von ½ Zitrone
1 EL Olivenöl
2 EL Wasser

Mango schälen und die Hälfte der Frucht (die andere Hälfte fein würfeln und für die Salatgarnitur beiseite stellen) mit wenig Salz, Pfeffer, den meisten Basilikumblättern (einige zum Garnieren beiseite stellen), dem Zitronensaft, dem Olivenöl und zwei Esslöffeln Wasser im Mixer pürieren.

Erbsen-Bohnen-Salat mit Minze und Jakobsmuscheln

FÜR 4 PERSONEN
200 g frische Erbsen, geschält
200 g frische Dicke Bohnen, geschält
1 Bund frische Minze
2 Frühlingszwiebeln
4 EL Olivenöl
12 Jakobsmuscheln mit Rogen
Pfeffer, grobes Meersalz
2 EL süßer, gut gereifter Balsamico-Essig

Die Erbsen und Dicken Bohnen in kochendem Salzwasser blanchieren und in Eiswasser abschrecken, damit sie ihre leuchtend grüne Farbe behalten und der Garprozess zum Stillstand kommt. Das Gemüse sollte noch Biss haben. Die Dicken Bohnen abtropfen lassen und das äußere Häutchen abziehen, das oft hart und bitter ist. Von großen Erbsen eventuell ebenfalls das Häutchen abziehen. Die Minzeblätter grob hacken, die Frühlingszwiebeln in Ringe schneiden und beides mit den Erbsen und Dicken Bohnen und dem Olivenöl vermischen. Den Salat auf vier Portionstellern anrichten und salzen und pfeffern.

Eine antihaftbeschichtete Bratpfanne mit Olivenöl auspinseln und die Jakobsmuscheln bei starker Hitze auf beiden Seiten goldbraun braten – pro Seite etwa 30 Sekunden, je nach Größe. Jakobsmuscheln würzen und auf dem Salat anrichten. Mit Balsamico-Essig beträufeln und sofort servieren.

Austern mit Rotwein-Schalotten-Essig

Ich persönlich bevorzuge »einheimische« Austern aus dem Atlantik. Sie sind etwas teurer und schwerer zu öffnen als die anderen Sorten, aber äußerst wohlschmeckend. Die »Pazifik-« oder »Felsenauster« ist ebenfalls zu empfehlen, aber wenn Sie die Austern roh aus der Schale schlürfen wollen, kaufen Sie bitte nur das Allerbeste, was auf dem Markt ist. Dieser Rotwein-Schalotten-Essig wird traditionsgemäß zu den Austern gereicht, aber auch andere Würzmittel, wie Zitronensaft, Tabasco oder frisch gemahlener Pfeffer, sind zu empfehlen. Normalerweise rechnet man sechs Austern pro Person, aber gestatten Sie sich ruhig zwölf, wenn Ihr Appetit sehr groß ist.

FÜR 4 PERSONEN
24 Austern
2 mittelgroße Schalotten, fein gehackt
100 ml Rotweinessig

Die Schalotten in den Essig geben und mindestens 1 Stunde ziehen lassen. Austern erst unmittelbar vor dem Servieren öffnen. Kaufen Sie die Meeresfrüchte nur bei einem Fischhändler Ihres Vertrauens und achten Sie darauf, dass die Schalen fest geschlossen sind. Eine frische Auster liegt schwer in der Hand, und wenn man zwei Austern gegeneinander klopft, so sollte es dumpf und voll klingen. Reichen Sie zu den Austern getoastetes Vollkornbrot und den Rotwein-Schalotten-Essig.

Dehnung der Wadenmuskulatur

Khalid Khannouchi aus den USA lief beim London Marathon im Jahr 2002 die Strecke in 2 Stunden, 5 Minuten und 38 Sekunden und stellte damit einen neuen Rekord auf.

Austern mit Meerrettich und Thunfisch-Tatar

FÜR 6 PERSONEN
360 g frisches Thunfischfilet
1 EL Tafelmeerrettich
3 Frühlingszwiebeln, in feine Ringe geschnitten
Salz, Pfeffer
36 mittelgroße Austern
1 Bund Brunnenkresse
Etwas Selleriegrün zum Garnieren

Das Thunfischfleisch in kleine Würfel schneiden und in eine Schüssel geben, dabei Schüssel auf Eiswürfel setzen. Meerrettich und Frühlingszwiebeln unterheben und nach Geschmack salzen und pfeffern. Diesen Vorgang nicht früher als höchstens 30 Minuten vor dem Servieren erledigen, da sonst die Säure des Meerrettichs den Thunfisch »verbrennen« würde.

Die Austern öffnen und das Fleisch herauslösen, dabei alle Schalensplitter entfernen, die eventuell in das Austernfleisch eingedrungen sind. Schalenflüssigkeit auffangen. Jeweils eine Austernschale mit einem Esslöffel Thunfisch-Tatar füllen und mit einer Auster belegen. Mit ein paar Brunnenkresseblättern und Sellerieblättern garnieren und mit etwas Tomatensauce (siehe unten) beträufeln. Die Austern auf einem Bett aus gestoßenem Eis oder auf einer speziellen Austernplatte anrichten.

Für die Tomatensauce:

3 Eiertomaten
Worcestersauce

Die Tomaten in kochendem Wasser 12 Sekunden blanchieren und in Eiswasser abschrecken. Tomaten häuten und Samen entfernen. Die Schalenflüssigkeit der Austern durch ein feinmaschiges Sieb abseihen. Das Tomatenfleisch mit der Schalenflüssigkeit der Austern im Mixer pürieren und mit Worcestersauce abschmecken.

Jakobsmuscheln in Orangen-Honig-Dressing mit Brunnenkresse-Chicorée-Salat

Nur absolut frische, feste Muscheln verwenden. Am besten ist es, die Muscheln in der Schale zu kaufen – nur dann können Sie sicher sein, dass die Muscheln noch leben, auch wenn dies zusätzliche Arbeit bedeutet.

FÜR 6 PERSONEN
18 sehr große Jakobsmuscheln (bei kleinen Muscheln entsprechend mehr nehmen)
Saft von ½ Zitrone
Saft von 2 Orangen
2 EL Orangenblütenhonig
Salz, Pfeffer
120 ml mildes Olivenöl

Muscheln aus der Schale lösen, unter fließendem kaltem Wasser abbrausen und mit einem Küchentuch trockentupfen. Für das Orangen-Honig-Dressing den Zitronensaft und Orangensaft mit dem Honig und einer Prise Salz aufschlagen, dabei nach und nach das Olivenöl zugießen – alle Zutaten sollten emulgieren, so dass das Dressing eine schaumig-cremige Konsistenz bekommt. Die Jakobsmuscheln in drei Millimeter dicke Scheiben schneiden. Auf eine große Platte legen, mit etwas Orangen-Honig-Dressing beträufeln und 1 Stunde im Kühlschrank marinieren.

Für den Salat:

2 Bund Brunnenkresse
2 Orangen
3 kleine Stauden roter Chicorée
1 kleines Bund Schnittlauch
Salz, Pfeffer

Die Brunnenkresse zerteilen und sorgfältig in kaltem Wasser waschen. Trockenschütteln und beiseite stellen. Orangen schälen, dabei die weiße Innenhaut vollständig entfernen. Orangenfilets aus den Trennhäuten herausschneiden. Chicorée in Blätter teilen. Schnittlauch in vier Zentimeter lange Röllchen schneiden. Brunnenkresse und Chicorée in etwas Orangen-Honig-Dressing schwenken und nach Geschmack salzen.

Zum Servieren:

Die Jakobsmuscheln kreisförmig auf Portionstellern anrichten, jeweils ein paar Orangenfilets dazwischenlegen und in die Mitte etwas Brunnenkresse-Chicorée-Salat setzen. Mit etwas Orangen-Honig-Dressing beträufeln, mit Schnittlauch bestreuen und mit reichlich grob gemahlenem Pfeffer würzen.

Filet vom Petersfisch mit Kokosnuss-Limetten-Salat

FÜR 6 PERSONEN
1 Petersfisch (etwa 900 g)
1 Kokosnuss
1 EL extrafeiner Zucker
1 Fenchelknolle
2 Limetten
2 Frühlingszwiebeln
2 Bund Basilikum
30 ml leichtes Olivenöl
Salz, Pfeffer

Den Petersfisch filetieren und häuten – Ihr Fischhändler wird dies auf Verlangen gern für Sie tun. Jedes Filet in neun Stücke schneiden. Die Kokosnuss mit einem Fleischklopfer oder der stumpfen Seite eines Küchenbeils aufbrechen und den Saft auffangen. Die Hälfte des Kokosnussfleisches fein reiben und mit dem Kokosnusssaft und dem Zucker verrühren. Zugedeckt 1 Stunde in den Kühlschrank stellen, dann durch ein Mulltuch pressen, so dass man eine feine Kokosnusscreme erhält. Enthält die Kokosnuss nur wenig oder gar keinen Saft, etwas Wasser hinzufügen.

Die restliche Kokosnuss und die Fenchelknolle in hauchdünne Scheiben schneiden oder hobeln. Mit einem scharfen kleinen Messer die Limetten schälen und Fruchtfleisch in Spalten teilen. Die Frühlingszwiebeln in dünne Ringe schneiden. Fenchel, Kokosnussscheiben, Frühlingszwiebeln und die meisten Basilikumblätter (einige für die Garnierung beiseite stellen) mit den Limettenspalten, Olivenöl, Salz und Pfeffer leicht vermischen.

Eine antihaftbeschichtete Bratpfanne leicht mit Öl auspinseln und stark erhitzen. Die Fischstücke salzen und pfeffern und auf beiden Seiten kurz goldbraun braten, so dass sie innen noch rosa sind.

Auf Portionstellern anrichten, dabei jeweils einen Spiegel Kokosnusscreme auf einen Teller setzen und etwas Fenchelsalat und drei Fischstücke darauf legen. Mit Fenchelsalat bedecken und mit ein, zwei Basilikumblättern garnieren.

Makrelen-Tatar mit rosa Pfeffer

Da dieses Gericht roh verzehrt wird, ist es besonders wichtig, nur allerfrischesten Fisch zu verwenden. Die Makrelen sollten eine glänzende, schimmernde Haut und festes Fleisch haben.

FÜR 4 PERSONEN
2 sehr frische Makrelen
1 Bund Radieschen
1 Bund Brunnenkresse
1 Fenchelknolle
Saft von 1 großen Zitrone
2 EL Olivenöl
Salz, Pfeffer
1 EL Wasser
1 TL getrocknete rosa Pfefferkörner
3 Frühlingszwiebeln, in feine Ringe geschnitten
1 Bund Dill oder etwas Fenchelgrün, gehackt

Die Makrelen filetieren und häuten. Die kleinen Gräten in der Mitte der Filets mit einer Pinzette herauszupfen und Filets in vier Millimeter große Würfel schneiden. Zum Kühlen eine Schüssel auf Eiswürfel setzen und die Fischwürfel hineingeben. Das Tatar erst im letzten Moment würzen, da es sonst »verbrennt« – alle Flüssigkeit würde aus dem Fischfleisch austreten und es würde eine gummiartige Konsistenz bekommen.

Radieschen waschen und fein schneiden. Brunnenkresse waschen und zerteilen. Fenchel in hauchdünne Scheiben schneiden oder hobeln und mit etwas Zitronensaft, Salz, Pfeffer und Olivenöl vermischen.

Auf Portionstellern anrichten, dabei jeweils in die Mitte des Tellers kreisförmig ein paar Fenchelscheiben legen. Ein paar Radieschenscheiben außen herumlegen und mit einer Vinaigrette aus einem Esslöffel Olivenöl, einem Teelöffel Zitronensaft, einem Esslöffel Wasser, Salz und Pfeffer beträufeln.

Erst ganz zum Schluss den Fisch würzen. Dazu die Makrelenwürfel vorsichtig mit Zitronensaft nach Geschmack, Salz, rosa Pfeffer, Frühlingszwiebeln und gehacktem Dill oder Fenchelgrün vermischen. Jeweils eine Portion Tatar mit Hilfe eines Eierrings oder runden Ausstechers in eine schöne runde Form bringen und auf den Fenchelsalat setzen. Mit der Brunnenkresse garnieren.

Linguine-Krabben-Salat mit Basilikum und getrockneten Tomaten

FÜR 6 PERSONEN
6 große Eiertomaten
360 g Linguine mit Ei
4 EL kräftiges dunkles Olivenöl
1 Bund Basilikum
2 Frühlingszwiebeln
1 Knoblauchzehe
200 g Nordseekrabben, geschält
Abgeriebene Schale von 1 unbehandelten Zitrone
Salz, Pfeffer
4 EL Balsamico-Essig

Die Tomaten blanchieren und abschrecken. Häuten, halbieren und die Samen entfernen. Tomatenhälften mit Öl bepinseln und im Backofen bei 100 °C (Gas Stufe 1/2) etwa 75 Minuten trocknen, bis die Früchte fest, aber noch rot sind.

Die Linguine in reichlich Salzwasser al dente kochen. Abgießen, mit kaltem Wasser abschrecken und mit einem Esslöffel Olivenöl vermischen. Basilikum in feine Streifen schneiden, dabei ein paar Blätter zum Garnieren zurückbehalten. Frühlingszwiebeln in feine Ringe schneiden, Knoblauch hacken. Linguine mit dem Basilikum, Frühlingszwiebeln und Knoblauch vermischen und die Krabben, das restliche Olivenöl und die abgeriebene Zitronenschale unterheben. Mit Salz und Pfeffer würzen. Mit einer Gabel die Linguine zu sechs Nestern aufwickeln und jeweils ein Nest auf einen Portionsteller legen. Ein paar getrocknete Tomatenhälften danebenlegen. Mit einem Basilikumblatt garnieren und mit etwas Balsamico-Essig beträufeln.

Dehnung des Rückens
und der Kniesehne

Den Rekord bei den Frauen hält derzeit Catherine N'dereba aus Kenia mit 2 Stunden, 18 Minuten und 47 Sekunden, den sie im Oktober 2001 beim Chicago Marathon aufstellte.

Mille-feuille von Cheddar-Käse mit Pflaumen-Relish

FÜR 6 PERSONEN
1 Bund Basilikum
3 EL Olivenöl
1 TL Rotweinessig
2 EL Wasser
1 Knoblauchzehe, abgezogen
Salz, Pfeffer
3 Mini-Romana-Salate
2 große reife Fleischtomaten
12 Scheiben Cheddar-Käse, etwa 8 x 4 cm, 3 mm dick

Für die Salatsauce Basilikumblätter (einige für die Garnierung zurückbehalten) mit Olivenöl, Essig, Wasser, Knoblauch und etwas Salz und Pfeffer pürieren. Die Romana-Salate längs in jeweils vier gleich starke Scheiben schneiden. Tomaten quer in jeweils vier Scheiben schneiden. Auf jedem Teller eine *mille-feuille* schichten, dazu Tomatenscheiben, Salat und Käsescheiben abwechselnd aufeinander stapeln. Salzen und pfeffern. Auf jeden Teller ein paar Löffel Pflaumen-Relish (siehe unten) geben. Um die *mille-feuille* Salatsauce träufeln und mit Basilikumblättern garnieren.

Für das Pflaumen-Relish:

500 g Tomaten
1 kg säuerliche Äpfel, z.B. Boskop
350 g Zwiebeln
600 ml Apfelessig
600 g Vollrohrzucker, z.B. Rapadura
½ EL englisches Senfpulver
1 gehäufter TL Salz
1 TL gemahlener Zimt
1 Prise Cayennepfeffer oder Chilipulver
300 g entsteinte Backpflaumen

Die Tomaten blanchieren und häuten, halbieren und Samen entfernen, grob hacken und abtropfen lassen. Äpfel schälen, Kernhaus entfernen und raspeln. Zwiebeln abziehen und in Scheiben schneiden. In einem Topf Äpfel, Zwiebeln, Essig, Zucker, Senfpulver, Salz, Zimt und Cayennepfeffer oder Chilipulver vermischen. Bei mittlerer Hitze etwa 30 Minuten kochen, bis die Mischung eingedickt ist. Backpflaumen in der Mitte durchschneiden, mit den gehackten Tomaten zugeben und bei schwacher Hitze weitere 30 Minuten kochen. Wenn die Mischung zu trocken wird, etwas Wasser angießen. In saubere Gläser füllen und im Kühlschrank aufbewahren.

Gegrillte Riesengarnelen mit Gurkensalat und Pistazien-Joghurt-Dressing

FÜR 4 PERSONEN
12 Riesengarnelen
1 große Salatgurke
Salz, Pfeffer
150 g griechischer Joghurt
120 g Pistazienkerne, geschält
Olivenöl

Die Riesengarnelen schälen, die Schwanzflossen nicht entfernen. Mit einem scharfen Messer die Garnelen am Rücken der Länge nach aufschneiden und den Darm entfernen. Die Gurke schälen, der Länge nach halbieren und die Samen entfernen. Die Gurkenhälften erneut längs halbieren und in etwa 14 Zentimeter lange Stücke schneiden. Mit einem scharfen Gemüsemesser die Gurkenstücke längs in feine lange Julienne-Streifen schneiden, salzen und in einem Durchschlag etwa 30 Minuten abtropfen lassen, bis das Salz der Gurke die Flüssigkeit entzogen hat. Die Gurkenstreifen leicht ausdrücken, in eine Schüssel geben und die Hälfte des Joghurts unterheben. Mit reichlich Pfeffer würzen.

Den restlichen Joghurt mit der Hälfte der Pistazienkerne in einen Mixer geben. Mit Salz und Pfeffer würzen, dann rasch zu einem feinen Püree zerkleinern – Sie können dazu auch einen Mörser verwenden. Die restlichen Pistazienkerne fein hacken.

Eine antihaftbeschichtete Bratpfanne mit Olivenöl auspinseln und stark erhitzen. Die Garnelen auf beiden Seiten jeweils 2 Minuten braten. Salzen und pfeffern. Mit einer Gabel die Gurkenstreifen wie Nudeln zu Nestern aufwickeln und jeweils ein Nest in die Mitte eines Portionstellers setzen. Je drei Garnelen um einen Gurkensalat verteilen, mit etwas Joghurt-Dressing beträufeln und mit Pistazien bestreuen.

Kartoffelkuchen mit Räucheraal und Tomaten-Chutney

FÜR 4 PERSONEN
1 Räucheraal, etwa 1,2 kg, oder 800 g Räucheraalfilet
2 große fest kochende Kartoffeln
4 Frühlingszwiebeln
Olivenöl, Salz, Pfeffer

Bei einem ganzen Räucheraal mit einem scharfen Messer die Haut entlang der Wirbelsäule aufschneiden und abziehen. Räucheraalfilets in etwa drei Zentimeter breite Scheiben schneiden. Kartoffeln schälen, in feine Julienne-Streifen schneiden und in einem Küchentuch auspressen. Sechs Portionspfännchen mit Olivenöl auspinseln oder Eierringe in eine leicht geölte Pfanne legen. Kartoffeln salzen und pfeffern, zwei Frühlingszwiebeln in Ringe schneiden und Kartoffeln und Frühlingszwiebeln miteinander vermischen. Die Kartoffel-Zwiebel-Mischung in die Portionspfännchen oder Metallringe drücken und goldbraun und kross braten, dabei mehrmals die Masse flach in die Form drücken. Nach etwa 5–6 Minuten wenden und die andere Seite braten, dabei wieder gelegentlich die Masse flach drücken. Die Kartoffeln anschließend im Backofen bei 200 °C (Gas Stufe 6) in etwa 10 Minuten fertig garen. Restliche Frühlingszwiebeln längs in sehr feine Julienne-Streifen schneiden und in Eiswasser legen, damit sie sich ringeln. Die noch warmen Kartoffelkuchen auf Tellern anrichten, jeweils Scheiben vom Räucheraal auf einen Kuchen legen und mit Frühlingszwiebeln garnieren. Daneben einen Löffel Tomaten-Chutney (siehe unten) geben.

Für das Tomaten-Chutney:

ERGIBT 2 GLÄSER
600 g leuchtend rote Tomaten
½ TL gemahlener Ingwer
1 TL Chilipulver
2 TL Salz
2 TL Tomatenmark
3 Knoblauchzehen, abgezogen und fein gehackt
125 ml Balsamico-Essig
120 g Vollrohrzucker, z.B. Rapadura
50 g Rosinen

Die Tomaten blanchieren und häuten, halbieren, Samen entfernen und grob hacken. Zusammen mit dem Ingwer, Chilipulver, Salz, Tomatenmark und Knoblauch bei geringer Hitze zu einem Mus verkochen. Essig, Zucker und Rosinen zugeben und weiterkochen, bis die Mischung eindickt, dabei gelegentlich umrühren, damit sich nichts ansetzt. In saubere trockene Gläser füllen und im Kühlschrank aufbewahren.

Räucherfisch-Kartoffel-Terrine

FÜR 10–12 PERSONEN
2 geräucherte Schellfischfilets, je 300–400 g
Milch, Wasser
6 mittelgroße fest kochende Kartoffeln
4 EL Olivenöl
1 EL grobkörniger Senf
2 EL Rotweinessig
Salz, Pfeffer
2 rote Zwiebeln, abgezogen und fein gehackt
500 g frische zarte Spinatblätter
Kaviar (nach Belieben)

Eine rechteckige Terrinenform mit einer doppelten Lage Frischhaltefolie auskleiden, dabei die Folie mindestens acht Zentimeter über die Ränder hinausragen lassen.

Die Räucherfischfilets nebeneinander in einen flachen Topf oder eine Pfanne legen und mit einer Mischung aus Milch und Wasser bedecken. Bei großer Hitze zum Wallen bringen. Topf vom Herd ziehen. Fischfilets im Sud auskühlen lassen. Auf diese Weise wird der Räucherfisch gegart, bleibt dabei aber saftig und zart. Nach dem Auskühlen Gräten und Haut entfernen, Fischstücke möglichst groß lassen.

Die Kartoffeln in der Schale in Salzwasser kochen. Abgießen und etwas auskühlen lassen, dann pellen und in ein Zentimeter dicke Scheiben schneiden. Aus dem Öl, Senf, Essig, Salz und Pfeffer eine Salatsauce rühren und etwas davon über die noch warmen Kartoffeln gießen.

Kartoffeln und Fischstücke abwechselnd in die Terrine schichten. Mit den Kartoffeln beginnen, dabei die Scheiben zuschneiden und der Form anpassen. Auf die Kartoffeln eine Schicht Fischstücke legen und diese reichlich mit fein gehackten roten Zwiebeln bestreuen. Auf diese Weise abwechselnd Kartoffeln und Fischstücke einschichten, bis die Terrine gefüllt ist. Die überlappende Frischhaltefolie über die Form schlagen und die Terrine beschweren, entweder mit einer zweiten Terrinenform derselben Größe oder mit einem Brett und ein paar Gewichten. Mindestens 6 Stunden, am besten aber über Nacht, in den Kühlschrank stellen.

Mit Spinatsalat servieren. Dazu die Spinatblätter in der restlichen Salatsauce schwenken. Wenn Ihnen der Sinn nach ein wenig Extravaganz steht, geben Sie auf jeden Portionsteller einen großzügigen Löffel Kaviar.

Hauptgerichte

Gesättigte und ungesättigte Fettsäuren – eine Unterhaltung über dieses Thema kann leicht zu einer hitzigen Debatte führen. Einfach ausgedrückt könnte man sagen, Nahrungsmittel mit gesättigten Fettsäuren sind nicht unbedingt gesund, schmecken aber gut, wohingegen solche mit ungesättigten Fettsäuren in jeder Hinsicht gut und gesund sind. Gesättigte Fettsäuren stecken vor allem in Milchprodukten und rotem Fleisch. Sie tun auch damit Ihrem Körper durchaus etwas Gutes, vorausgesetzt, Sie nehmen sie möglichst unverfälscht und in Maßen zu sich. Meiner Meinung nach spricht nichts gegen eine Schale Himbeeren mit einem großzügigen Klecks Crème fraîche, solange man sich die meiste Zeit vernünftig ernährt und beim Essen nicht übertreibt.

Die größte Gefahr für den Körper bergen denaturierte Lebensmittel, Fastfood und Fertiggerichte. Ich meide sie alle wie die Pest. Ein Produkt, das ich besonders hasse, sind gehärtete Pflanzenöle und Fette, wie man sie vor allem in Fertiggerichten, industriell hergestellten Backwaren und Aufstrichen findet. Sie schmecken einfach fürchterlich, und man täte besser daran, stattdessen Schweineschmalz zu verwenden, damit würde man wenigstens noch etwas Natürliches zu sich nehmen.

Ungesättigte Fettsäuren, wie sie in Olivenöl, Maisöl oder dem Öl, das in Fischen vorkommt, enthalten sind, sind gut für Ihren Körper, obgleich ein Zuviel auch eines wertvollen Öls Risiken bergen kann. Ich, als Marathonläufer, neige sowieso dazu, sparsam mit Ölen und Fetten umzugehen, doch solange Sie regelmäßig laufen, ist gegen einen gelegentlichen Vollmilchjoghurt oder eine mit Butter bestrichene Scheibe Toast nichts einzuwenden. In der Tat nutzen Marathon- und Langstreckenläufer die Fettreserven im Körper als Energielieferanten, wenn die Glykogenspeicher erschöpft sind, und deshalb genießen Sie Ihren gebutterten Toast ohne schlechtes Gewissen, wenn Sie Lust darauf verspüren.

Gegrilltes T-Bone-Steak vom Steinbutt mit Rote-Bete-Vinaigrette, Champignons und Zucchini

Um T-Bone-Steaks aus einem Steinbutt schneiden zu können, brauchen Sie einen Fisch von mindestens fünf Kilogramm. Trennen Sie den Kopf und die Flossen ab, schneiden Sie den Fisch am Rückgrat entlang auf und halbieren Sie ihn. Aus den Hälften schneiden Sie etwa zwei Zentimeter dicke Steaks. Das Zerteilen ist nicht ganz einfach. Sie können auch Ihren Fischhändler bitten, diese Arbeit für Sie zu erledigen.

FÜR 6 PERSONEN
6 T-Bone-Steaks vom Steinbutt, je etwa 220 g, 2 cm dick
Olivenöl
Salz, Pfeffer
360 g kleine feste Champignons
2 Zucchini
Saft von 1 Zitrone
1 Bund Basilikum

Backofen auf 200 °C (Gas Stufe 6) vorheizen. Die Steinbuttsteaks leicht mit Olivenöl einpinseln, salzen und pfeffern. Eine Grillpfanne erhitzen und die Steaks hineinlegen. Nach 2 Minuten die Steaks so drehen, dass ein Gittermuster entsteht. Nach weiteren 2 Minuten die Steaks wenden und die andere Seite braten. Steaks im vorgeheizten Backofen fertig garen – insgesamt beträgt die Garzeit etwa 8 Minuten.

Die Stiele der Champignons abschneiden und entfernen. Zucchini an den Enden abschneiden und in lange, dünne Stifte schneiden. Bratpfanne mit Olivenöl auspinseln und die Zucchini bei starker Hitze rösten, so dass sie goldbraun, aber noch knackig sind. Zucchini aus der Pfanne nehmen und beiseite stellen. Champignons mit dem Zitronensaft in die Pfanne geben. Hitze reduzieren, Pilze salzen und pfeffern und die Pfanne mit einem Deckel halb schließen. Pilze 4 Minuten garen, dann die Zucchini zu den Pilzen geben, Basilikumblätter unterrühren und weitere 30 Sekunden garen. Auf Tellern anrichten, dazu auf jeden Teller etwas Gemüse geben, ein Fischsteak darauf legen und mit etwas Rote-Bete-Vinaigrette (siehe unten) beträufeln.

Für die Rote-Bete-Vinaigrette:

120 g gekochte Rote Beten (vorzugsweise im Backofen gegart, dann schmecken sie süßer)
100 ml Hühnerfond oder Gemüsefond (siehe Seite 122)
1 EL Olivenöl und 2 TL Rotweinessig
Salz, Pfeffer

Die Roten Beten schälen und mit den restlichen Zutaten im Mixer oder mit dem Schneidstab zu einer glatten sämigen Sauce pürieren.

Gebratene Goldbrasse mit Senf und Petersilie

FÜR 4 PERSONEN
2 Goldbrassen, je etwa 500 g
8 Eiertomaten
2 Schalotten
1 Bund glatte Petersilie
4 EL Olivenöl
Salz, Pfeffer
100 ml trockener Weißwein
60 ml Wasser
1 EL grobkörniger Pommery-Senf

Die Fische filetieren und mit einer Pinzette die kleinen Gräten herauszupfen. Die Tomaten blanchieren, abschrecken und häuten. Halbieren, die Samen entfernen und die Tomaten in große Würfel schneiden. Die Schalotten abziehen und hacken. Petersilie waschen und grob hacken.

Eine große beschichtete Bratpfanne mit Olivenöl auspinseln und erhitzen. Die Fischfilets salzen und pfeffern und mit der Hautseite nach unten in die Pfanne legen. Bei starker Hitze goldbraun braten. Die Filets wenden und weitere 20 Sekunden braten. Aus der Pfanne nehmen und warm stellen.

Die Schalotten in die Pfanne geben und bei starker Hitze in 30 Sekunden goldbraun braten, dabei ständig mit einem Holzlöffel rühren. Mit Wein und Wasser ablöschen und Flüssigkeit um die Hälfte einkochen lassen. Tomaten, Senf, das restliche Olivenöl und zum Schluss die Petersilie unterrühren.

Für die Beilage pro Person 80 Gramm Tagliatelle kochen und auf Portionstellern anrichten. Jeweils ein Fischfilet auf ein Bett aus Tagliatelle legen und die Senf-Petersilien-Sauce dazugeben.

Thunfisch auf würziger Mango-Salsa

FÜR 6 PERSONEN
2 große, nicht ganz reife Mangos
1 reife Papaya
Saft von 2 Limetten
Saft von 1 Orange
1 rote und 1 grüne Chilischote
2 rote Zwiebeln
1 Bund Koriandergrün und ½ Bund Minze
Olivenöl
Salz
720 g Thunfischbauch, enthäutet, in 6 Stücke zu je 120 g geschnitten

Mangos und Papaya schälen, in kleine Würfel schneiden und mit dem Orangen- und Limettensaft übergießen. Chilischoten hacken, die roten Zwiebeln abziehen und hacken und beides mit den Früchten vermischen. Salzen. Kurz vor dem Servieren die gehackten Kräuter unterheben. In einer Bratpfanne wenig Olivenöl erhitzen und die Thunfischstücke bei starker Hitze auf beiden Seiten kurz braten – sie sollen innen noch sehr rosa sein. Als Beilage einen Salat aus Portulak oder Feldsalat reichen. Für die Salatsauce einen Esslöffel Saft aus der Salsa und zwei Esslöffel Olivenöl verrühren und den Salat darin schwenken. Die Thunfischstücke auf der Mango-Salsa anrichten.

Gefüllter Wolfsbarsch mit kreolischem Reis

FÜR 2 PERSONEN
1 Wolfsbarsch (etwa 1,2 kg)
60 g Langkornreis
1 rote Paprikaschote
4 Schalotten
2 Knoblauchzehen
3 EL Olivenöl
3 Curryblätter
1 milde rote und 1 grüne Chilischote
Salz, Pfeffer
1 großes Bund Koriandergrün
2 Limetten

Mit einer Haushaltsschere die Flossen des Fisches abschneiden. Mit der Rückseite eines stabilen Messers den Fisch schuppen und Kiemen und Augen entfernen. Den Fisch vom Rücken her mit einem scharfen Messer öffnen. Dazu den Fisch vom Kopf zum Schwanz mit zwei parallelen, dicht nebeneinander liegenden Schnitten entlang der Mittelgräte bis zum Bauch aufschneiden. Da der Fisch gefüllt werden soll, unbedingt darauf achten, dass man mit dem Messer nicht durch die Bauchwand stößt. Die Mittelgräte an Kopf und Schwanz durchtrennen und herausziehen. Den Fisch über den Rücken ausnehmen. (Sie können diese Arbeit auch von Ihrem Fischhändler erledigen lassen.) Die kleinen Gräten mit einer Pinzette herauszupfen. Fisch unter kaltem Wasser abspülen und trockentupfen. Bis zur Weiterverarbeitung kühl stellen.

Den Reis in einem Topf doppelt hoch mit Wasser bedecken. Zum Kochen bringen und etwa 18 Minuten kochen, bis der Reis weich ist. Gut abtropfen lassen. Die Paprikaschote im heißen Grill unter Wenden rösten, bis die Haut schwarze Blasen wirft. Haut abziehen, die Samen und Scheidewände entfernen und das Fruchtfleisch fein würfeln. Schalotten und Knoblauch abziehen, drei Schalotten mit dem Knoblauch hacken. Schalotten und Knoblauch glasig dünsten, die Curryblätter, die gewürfelte rote Paprika und nach Belieben gehackte Chilischoten zugeben. 5 Minuten anschwitzen, den abgetropften Reis zugeben, salzen und pfeffern. Weitere 5 Minuten dünsten, dabei gut umrühren. Reis auskühlen lassen. Etwas gehacktes Koriandergrün und den Saft einer Limette unter den erkalteten Reis heben.

Backofen auf 200 °C (Gas Stufe 6) vorheizen. Den Wolfsbarsch auf gefettetes Pergamentpapier legen, würzen und mit der Reismischung füllen. Das Papier fest um den Fisch wickeln und die Enden gut zusammendrehen. Das Päckchen auf einem vorgeheizten Backblech in den Backofen schieben und 8 Minuten garen. Wenden und weitere 7 Minuten garen. Im Papier servieren und erst bei Tisch öffnen.

Dazu eine Vinaigrette reichen aus einer gehackten Schalotte, dem Saft einer Limette, gehackten Korianderblättern, Salz und einem Esslöffel Olivenöl. Nach Geschmack salzen und – wer es scharf mag – noch mehr gehackte Chilis zugeben.

Kabeljau nach Art einer Bourride

Eine Bourride ist vom Ursprung her eine provenzalische Fischsuppe, die im Original mit Rotbarbenfilet, Glattbuttfilet und frisch eingesalzenem Kabeljau zubereitet wird. Das nachfolgende Rezept ist eine etwas leichtere Version, die mit dicken Kabeljausteaks serviert wird.

FÜR 4 PERSONEN
1 Zwiebel
4 Stangen Bleichsellerie
1 Stange Lauch, nur der weiße Teil
12 Knoblauchzehen
¼ Sellerieknolle (etwa 150 g)
1 Fenchelknolle
1 große fest kochende Kartoffel, z. B. Desirée
4 EL Olivenöl
Salz, Pfeffer
1 Prise Safran
250 ml trockener Weißwein
1 ½ l Gemüsefond (siehe Seite 122)
4 dicke Kabeljausteaks, je 180 g
4 EL gemischte gehackte Kräuter, wie Estragon, Kerbel, Petersilie und Dill

Die Zwiebel abziehen und grob hacken. Das Gemüse und die Kartoffel waschen, putzen und schälen und alles grob zerkleinern. Die Kartoffelstücke beiseite stellen. In einem großen Topf die Zwiebel und das Gemüse in einem Esslöffel Öl 10 Minuten anbraten. Kräftig mit Salz und Pfeffer würzen und den Safran, die Kartoffelstücke und den Weißwein zugeben. Wein auf die Hälfte einkochen lassen, dann die Gemüsebrühe angießen und alles 20 Minuten bei mittlerer Hitze garen. Mit dem Pürierstab oder im Mixer pürieren und durch ein grobmaschiges Sieb streichen – die Suppe soll ziemlich dickflüssig sein. Warm stellen.

Backofen auf 220 °C (Gas Stufe 7) vorheizen. Die Kabeljausteaks leicht mit Olivenöl einpinseln und mit Salz würzen, in eine beschichtete ofenfeste Form legen und 7–8 Minuten im Backofen garen, je nach Dicke der Fischstücke.

Restliches Olivenöl mit den gehackten Kräutern vermischen. Jeweils eine Kelle heiße Suppe in einen tiefen Teller schöpfen. In die Mitte jeweils ein Stück Kabeljau legen und mit der Olivenöl-Kräuter-Mischung bedecken.

Pochierter Lachs mit Kapern-Petersilie-Vinaigrette

FÜR 4 PERSONEN
4 Scheiben Lachsfilet, je 160 g, enthäutet
½ unbehandelte Zitrone, in Scheiben geschnitten
1 Lorbeerblatt
1 kleines Bund Thymian
Salz
2 Schalotten
½ Bund krause Petersilie
½ Bund glatte Petersilie
1 EL sehr kleine Kapern in Essig
2 EL kräftiges Olivenöl
Saft von ½ Zitrone

Die Lachsstücke nebeneinander in eine tiefe Pfanne legen und mit kaltem Wasser bedecken. Zitronenscheiben, Lorbeerblatt und den Thymian zugeben und mit reichlich Salz würzen. Zum Kochen bringen. Sobald das Wasser zu kochen beginnt, die Pfanne vom Herd ziehen und einen Deckel lose auf die Pfanne legen. Lachsstücke im heißen Sud ziehen lassen – nach 10 Minuten ist der Fisch vollkommen gar.

In der Zwischenzeit die Schalotten abziehen und hacken, die krause Petersilie fein hacken, die glatte Petersilie grob hacken. Die Kapern abgießen. Kapern, Schalotten und Petersilie mit dem Öl, Zitronensaft und zwei Esslöffeln Lachssud verrühren. Die Vinaigrette warm stellen und zum Fisch servieren.

Dehnen der Kniesehne

Frauen waren 1896, als die ersten Olympischen Spiele der Neuzeit stattfanden, noch von der Teilnahme ausgeschlossen. 1926 lief die Britin Violet Piercy als erste Frau bei einem offiziellen Marathon mit und legte die Strecke in 3 Stunden, 40 Minuten und 22 Sekunden zurück. Aber erst bei der Olympiade 1988 wurde der Marathon der Frauen olympische Disziplin.

Gegrillter Thunfisch mit weißen Bohnen und Pesto

FÜR 4 PERSONEN
160 g getrocknete weiße Bohnen (vorzugsweise Limabohnen)
1 l Gemüsefond (siehe Seite 122)
60 g geräucherter durchwachsener Speck, im Ganzen
2 Knoblauchzehen, abgezogen
Salz, Pfeffer
1 EL Olivenöl
400–500 g Thunfischfilet am Stück, enthäutet

Die weißen Bohnen in reichlich Wasser 8–12 Stunden einweichen. Abtropfen lassen und mit der Gemüsebrühe, dem Räucherspeck und Knoblauch in einen Topf geben. Aufkochen lassen, den sich bildenden Schaum abschöpfen und Hitze reduzieren. Auf mittlerer Stufe 30 Minuten kochen, leicht salzen und pfeffern und weiterkochen, bis die Bohnen weich sind. Bei Bedarf noch etwas Wasser angießen. Bohnen in der Kochflüssigkeit auskühlen lassen.

Den Speck aus der Kochflüssigkeit nehmen und sehr fein würfeln. In etwas Olivenöl kross braten. Bohnen abgießen, dabei die Kochflüssigkeit auffangen, und die Bohnen mit einer Gabel zerdrücken. Mit dem gebratenen Speck und so viel von der Kochflüssigkeit verrühren, dass die Mischung feucht, aber nicht breiig ist.

Den Thunfisch leicht mit Olivenöl bepinseln und gut würzen. In einer Grillpfanne auf beiden Seiten anbraten, so dass der Fisch innen noch roh ist – oder so durchgegart, wie Sie es wünschen. Thunfisch in Scheiben schneiden und auf die Bohnen legen. Restliche Kochflüssigkeit aufkochen lassen, vier Esslöffel Pesto (siehe unten) dazugeben und mit dem Pürierstab aufschäumen. Zum Servieren die Thunfischscheiben auf einem Bett von Bohnen anrichten und die Sauce darüber schöpfen.

Für das Pesto:

ERGIBT ETWA 250 ML
200 g Basilikumblätter
20 g Pinienkerne
3 Walnüsse, grob gehackt
1 Prise Salz
50 g Parmesankäse, frisch gerieben
150–200 ml kaltgepresstes Olivenöl

Basilikumblätter, Pinienkerne, Walnüsse und Salz in einem großen Mörser zu einer groben Paste zerstoßen. Den geriebenen Parmesan in die Mischung einarbeiten, dann nach und nach das Olivenöl einfließen lassen und mit einem Holzlöffel unterrühren, bis eine sämige Sauce entsteht.

Alternative Zubereitung: Alle Zutaten (mit einer kleineren Menge Olivenöl beginnen) bis auf den Käse im Mixer kurz bei hoher Geschwindigkeit zerkleinern. Den Käse zugeben und ein paar Sekunden pürieren. Das Geheimnis, Pesto im Mixer zuzubereiten, besteht darin, die Zutaten nicht allzu lange zu pürieren; sonst läuft man Gefahr, dass die Zutaten zu heiß werden und das Basilikum seine leuchtend grüne Farbe verliert. Wenn Sie das Pesto – auf diese oder die andere Weise zubereitet – in ein gut verschließbares Gefäß füllen und die Oberfläche des Pesto mit einer Ölschicht verschließen, hält es sich im Kühlschrank bis zu 2 Wochen.

Graved Lachs

Dieses Rezept ist gedacht für einen ganzen Lachs von etwa fünf Kilogramm. Sie können jedoch, wenn Sie die Zutaten entsprechend reduzieren, auch nur eine Lachsseite oder einen kleineren Fisch beizen. Graved Lachs hält sich, in Klarsichtfolie gewickelt, im Kühlschrank bis zu zehn Tage. Sie können ihn in dünne Scheiben schneiden und kalt servieren oder Sie schneiden ihn in dicke Steaks und erwärmen sie vor dem Servieren unter dem Grill. Es ist unbedingt erforderlich, für dieses Rezept nur einen ganz frischen Fisch von bester Qualität zu verwenden – kaufen Sie Wildlachs, wenn es Ihr Geldbeutel erlaubt.

1 Lachs (etwa 5 kg), vom Fischhändler geschuppt und filetiert, kleine Gräten entfernt
20 g Koriandersamen
200 g schwarze und weiße Pfefferkörner
6 Stück Sternanis
15 Gewürznelken
1 kg grobes Meersalz
850 g extrafeiner Zucker
Saft und Zesten von 2 unbehandelten Zitronen
Saft und Zesten von 2 unbehandelten Limetten
4 Bund frischer Dill (etwa 100 g)
2 TL scharfer Senf
2 TL getrockneter Dill

Die Lachsfilets unter fließendem kaltem Wasser abspülen und trockentupfen. Die Hautseite jedes Filets mit vier kleinen Einschnitten versehen.

Für die Marinade die Gewürze im Mörser zerstoßen oder in einer Gewürzmühle grob zerkleinern und mit dem Salz, Zucker, Fruchtsaft und den Zitronen- und Limettenzesten vermischen. Den frischen Dill einschließlich der Stiele hacken und zu der Marinade geben.

In ein flaches Gefäß aus Edelstahl oder Kunststoff etwas Marinade geben und entsprechend der Größe des Fisches verstreichen. Ein Filet mit der Hautseite nach unten auf die Marinade legen und mit reichlich Marinade bedecken. Das zweite Filet mit der Hautseite nach oben darauf legen und mit der restlichen Marinade bedecken. Das Gefäß mit Klarsichtfolie verschließen und den Fisch gleichmäßig mit Gewichten beschweren. Auf diese Weise 8 Stunden im Kühlschrank marinieren, dann die ausgetretene Flüssigkeit abgießen, den Fisch wenden und erneut beschweren. Weitere 8–12 Stunden im Kühlschrank marinieren, je nachdem wie intensiv der Fisch gebeizt werden soll.

Zum Servieren die Marinade abgießen und die restlichen Gewürze mit einem Pinsel abbürsten. Den Fisch mit einem sauberen Küchentuch trockentupfen, mit Senf bestreichen und mit getrocknetem Dill bestreuen.

Hähnchen in Walnusssauce

FÜR 4 PERSONEN
2 Karotten
2 Zwiebeln
3 Knoblauchzehen
1 Stange Lauch
1 Bund Thymian
2 Lorbeerblätter
1 Brathähnchen von guter Qualität, möglichst aus natürlicher Aufzucht
200 g Walnusskerne, in der Küchenmaschine zu feinem Pulver gemahlen
Saft von ½ Zitrone
Salz, Muskatnuss (frisch gerieben)

Karotten schälen, Zwiebeln und Knoblauch abziehen, Lauch putzen und waschen und alles grob zerkleinern. In einen hohen Topf drei Liter Wasser, Thymian, Lorbeerblätter und Salz geben. Falls vorhanden, Kragen, Flügel und Füße des Hähnchens zugeben. Zum Kochen bringen und den sich bildenden Schaum mit einer Schaumkelle abnehmen. 20 Minuten bei geringer Hitze kochen, dann das ganze Hähnchen zugeben. 1 1/4 Stunden garen. Falls notwendig, noch etwas heißes Wasser zugießen, damit das Hähnchen ganz bedeckt ist.

Wenn das Hähnchen gar ist, einen halben Liter der Kochflüssigkeit entnehmen und in einem kleinen Topf bei starker Hitze auf die Hälfte einkochen lassen. Die fein gemahlenen Walnüsse und den Zitronensaft unterrühren und die Sauce mit etwas Salz und Muskatnuss würzen.

Zum Servieren das Hähnchen in Stücke teilen und mit der Walnusssauce bedecken. Ideale Beilage sind Nudeln und geschmorte Sellerieherzen (siehe Seite 152). Die restliche Brühe für ein anderes Rezept aufbewahren.

Warmer Muschelsalat mit Dicken Bohnen und Pilzen

FÜR 4 PERSONEN
3 fest kochende Kartoffeln, z.B. Charlotte
500 g Dicke Bohnen (Gewicht mit Hülsen)
2,4 kg kleine frische Miesmuscheln
300 g Pfifferlinge
1 EL Rotweinessig
2 EL Olivenöl
Salz, Pfeffer
1 Friséesalat

Die Kartoffeln in der Schale in Salzwasser gar kochen. Etwas abkühlen lassen, pellen und in Scheiben schneiden. Die Dicken Bohnen palen und in Salzwasser gar kochen. Abschrecken, abtropfen lassen und enthäuten.

Die Muscheln waschen. Einen großen Topf stark erhitzen und die Muscheln hineingeben. 100 Milliliter Wasser zugießen und Topfdeckel schließen. Bei großer Hitze kochen, bis alle Muscheln sich geöffnet haben und gar sind, dabei den Topf immer wieder rütteln. Muscheln abgießen und die Kochflüssigkeit auffangen. Das Fleisch aus den Muschelschalen lösen, dabei ein paar Muscheln in der Schale für die Garnierung zurückbehalten.

Pfifferlinge putzen und säubern. Nur waschen, wenn die Pilze sehr sandig sind, sonst nur mit einem feuchten Tuch abreiben, damit das Aroma nicht verloren geht. Etwas Olivenöl in einer beschichteten Bratpfanne erhitzen und die Pfifferlinge unter ständigem Rühren braten. Wenn die Pilze ihre Flüssigkeit abgegeben haben, salzen und pfeffern. Die Dicken Bohnen, Muschelfleisch und Kartoffeln zu den Pilzen geben. Alles zusammen kurz erhitzen, dann Pfanne vom Herd ziehen. Mit einer Salatsauce würzen. Dafür drei Esslöffel Muschelsud mit dem Rotweinessig und zwei Esslöffel Olivenöl verrühren und über dem Muschelsalat verteilen. Den Friséesalat ebenfalls in dieser Marinade schwenken.

Zum Servieren den Muschelsalat auf vier Portionsteller verteilen und jeweils obenauf etwas Friséesalat setzen. Mit ein paar Muscheln in der Schale garnieren.

Gegrillte Makrele mit grünem Spargel und Anis-Blumenkohl-Creme

FÜR 6 PERSONEN
3 Makrelen
30 mittelgroße Stangen grüner Spargel
300 g Blumenkohl
200 ml Milch
8 Stück Sternanis
Salz, weißer Pfeffer
Pastis
Saft von 1 Zitrone
1 EL Walnussöl
Olivenöl

Die Makrelen filetieren und mit einer Pinzette die kleinen Gräten herauszupfen. Die Filets unter fließendem kaltem Wasser abspülen, trockentupfen und in zwölf gleich große Rauten schneiden. Spargel in kochendem Salzwasser bissfest garen. In Eiswasser abschrecken und abtropfen lassen. Blumenkohl in Röschen teilen und in Salzwasser gar kochen. In Eiswasser abschrecken und abtropfen lassen. Die Milch mit dem Sternanis aufkochen und abkühlen lassen. Milch durch ein Sieb abseihen, Sternanis für die Garnierung beiseite stellen.

Einige Blumenkohlröschen für die Garnierung zurückbehalten, den restlichen Blumenkohl im Mixer oder mit dem Schneidstab pürieren, dabei langsam die Milch zugießen, bis eine sämige Creme entsteht. Salzen, weißen Pfeffer darüber mahlen und mit ein paar Spritzern Pastis würzen. Bis zur Weiterverarbeitung in den Kühlschrank stellen.

Spargel in einer Sauce aus Zitronensaft, Walnussöl, Salz und Pfeffer schwenken. Spargelstangen sternförmig auf Portionstellern anrichten, zwischen die Stangen Blumenkohlröschen setzen und jeweils in die Mitte einen großzügigen Klecks Blumenkohl-Creme geben. Die Makrelenstücke in eine flache ofenfeste Form legen, mit Olivenöl bepinseln und salzen und pfeffern. Unter dem heißen Grill 2–3 Minuten grillen. Jeweils ein paar Fischstücke auf die Blumenkohl-Creme setzen und servieren.

Rehrücken mit Ananas-Chutney und Gemüse-Tagliatelle

FÜR 6 PERSONEN
2 große Karotten
2 Zucchini
1 Stange Lauch
1,1 kg Rehrücken, pariert
Salz, Pfeffer
2–3 EL Olivenöl
2 Schalotten, gehackt
2 EL Rotweinessig
1 TL brauner Zucker
250 ml Kalbsfond (siehe Seite 123)
2 EL Haselnussöl
2 EL Wasser

Die Karotten schälen und mit dem Sparschäler zu »Tagliatelle« schneiden. Ebenso mit den Zucchini verfahren, diese jedoch nicht schälen. Lauch in lange, dünne Streifen schneiden. Karotten, Zucchini und Lauch nacheinander in kochendem Salzwasser blanchieren, dabei darauf achten, dass das Gemüse knackig bleibt. In Eiswasser abschrecken und gut abtropfen lassen.

Den Rehrücken in 18 gleich große Medaillons schneiden und salzen und pfeffern. In einer beschichteten Pfanne in etwas Olivenöl unter häufigem Wenden auf beiden Seiten goldbraun braten. Nicht länger als insgesamt 5–6 Minuten braten, so dass die Medaillons innen noch rosa bis leicht blutig sind. Aus der Pfanne nehmen und warm stellen. Das Bratfett wegschütten und das restliche Olivenöl in die Pfanne geben. Die gehackten Schalotten 1 Minute anbraten, mit dem Essig und dem Zucker ablöschen. Wenn die Flüssigkeit fast verdampft ist, den Kalbsfond zugießen, aufkochen und um ein Drittel einkochen lassen. Einen Esslöffel Haselnussöl einrühren und die Sauce abschmecken. In einer beschichteten Pfanne das Gemüse mit dem restlichen Haselnussöl und dem Wasser erhitzen und abschmecken. Mit einer Gabel die Gemüsestreifen zu sechs Nestern aufdrehen und jeweils eines in die Mitte eines Portionstellers setzen. Drei kleine Kleckse warmes Ananas-Chutney (siehe unten) auf jeden Teller geben und jeweils ein Wildmedaillon auf einen Klecks Chutney setzen. Rundum Schalottensauce träufeln.

Für das Ananas-Chutney:

Die nachfolgenden Zutaten ergeben eine viel größere Menge, als Sie für das oben genannte Gericht brauchen, aber das Chutney hält sich in einem gut verschließbaren Gefäß im Kühlschrank mehrere Monate. Sie können es auch jederzeit zu kaltem Braten oder anderem Wildbret reichen.

200 g hellbrauner Zucker
300 ml Weißweinessig
300 g säuerliche Kochäpfel, geschält und geraspelt
1 große Zwiebel, gehackt
1 ½ Chilischoten, gehackt
1 Prise Safran
2 TL gemahlene Muskatnuss
Salz nach Geschmack
1 kg Ananas (Gewicht ohne Schale und Strunk)

In einem Topf mit schwerem Boden Zucker, Essig, Äpfel, Zwiebel, Chili, Safran, Muskatnuss und Salz sirupartig verkochen. Ananas in zwei Zentimeter große Würfel schneiden und dazugeben. Topf mit einem Deckel lose schließen und das Chutney unter gelegentlichem Rühren weiterkochen, bis die Ananas glasig sind.

Kaninchen mit Senf und Pastis

FÜR 4 PERSONEN
1 ganzes Kaninchen, ausgenommen
1 Zwiebel
2 Knoblauchzehen
1 große Fenchelknolle
2 EL Dijon-Senf
Salz, Pfeffer
260 ml Pastis
1 EL Olivenöl
Saft von 1 Zitrone
8 Scheiben geräucherter durchwachsener Speck
1 Bund Fenchelgrün oder Dill, grob gehackt

Das Kaninchen zerteilen, dabei zuerst die beiden Keulen und Vorderläufe abtrennen, dann den restlichen Körper in vier gleich große Stücke schneiden. Sie können auch ihren Fleischer bitten, das Kaninchen zu zerlegen. Zwiebel und Knoblauch abziehen und in Scheiben schneiden. Fenchel waschen und in Scheiben schneiden.

Sämtliche Kaninchenteile mit Senf einreiben und in eine ofenfeste Form legen. Gemüse in der Form verteilen, leicht salzen und pfeffern, Pastis, Öl und Zitronensaft zugießen und die Fleischstücke mit den Speckscheiben bedecken. Die Form gut verschließen und im vorgeheizten Backofen bei 180 °C (Gas Stufe 4) garen. Nach 20 Minuten Hitze auf 170 °C (Gas Stufe 3) reduzieren und weitere 40 Minuten garen. Form aus dem Ofen nehmen und etwas abkühlen lassen, aber den Deckel nicht abnehmen. Kurz vor dem Servieren mit dem Fenchelgrün oder Dill bestreuen.

Hühnerbrust-Tortelett mit Spargel und Roquefort

FÜR 6 PERSONEN
30 Stangen grüner Spargel, bei großen Stangen entsprechend weniger
1 Schalotte
1 Knoblauchzehe
100 g Austernpilze
100 g Shiitake-Pilze
1 EL Olivenöl
6 Hühnerbrustfilets von Tieren aus natürlicher Aufzucht
Salz, Pfeffer
400 ml Gemüsefond (siehe Seite 122)
150 g Roquefort, zerkrümelt
1 EL Walnussöl
1 Bund Kerbel

Für den Olivenölteig:

500 g Mehl
Salz
50 g Olivenöl
140 g Wasser
Trockenbohnen zum Blindbacken

Für den Teig das Mehl mit dem Salz auf eine gekühlte saubere Arbeitsfläche sieben und in die Mitte eine Mulde drücken. Öl und Wasser nach und nach hineingießen, mit den Fingern die Flüssigkeit mit dem Mehl vermengen und zu einem Teig verkneten. Zu einer Kugel formen, in Klarsichtfolie wickeln und vor der Weiterverarbeitung mindestens 2 Stunden im Kühlschrank ruhen lassen.

Backofen auf 190 °C (Gas Stufe 5) vorheizen. Teig zwei Millimeter dick ausrollen und sechs beschichtete Tortelettförmchen (neun Zentimeter Durchmesser, 2,5 Zentimeter tief) damit auslegen. Teigboden mit Pergamentpapier auslegen, jeweils ein paar Trockenbohnen einfüllen und Torteletts 15 Minuten blind backen. Nach dem Backen ein paar Minuten auskühlen lassen, dann die Bohnen und das Papier entfernen. Die Ränder der Torteletts sauber zuschneiden und die Torteletts weitere 4–5 Minuten im Backofen fertig backen. Nach dem Auskühlen aus den Förmchen lösen.

Fertigstellen des Gerichts:

Spargel putzen und jeweils zehn Stangen zu einem Bündel zusammenbinden. In reichlich Salzwasser gar kochen. In Eiswasser abschrecken und abtropfen lassen. Die Stangen in kurze Stücke schneiden, so dass sie in die Torteletts passen. Schalotte und Knoblauch abziehen und hacken. Pilze säubern und hacken. In einer Bratpfanne etwas Olivenöl erhitzen. Die Hühnerbrustfilets salzen und pfeffern, mit der Hautseite nach unten in die Pfanne legen und goldbraun und knusprig braten. Hühnerbrüste aus der Pfanne nehmen und das Bratfett wegschütten. Pilze, Schalotten und Knoblauch in die Pfanne geben und 2 Minuten braten, dabei mit einem Holzlöffel umrühren. Hühnerbrustfilets mit der Hautseite nach oben auf die Pilze legen und mit der Gemüsebrühe angießen, 6–8 Minuten garen.

Hühnerbrustfilets aus der Pfanne nehmen und warm stellen. Pilzbrühe weiterkochen, bis die Flüssigkeit auf die Hälfte verdampft ist und die Konsistenz einer dicken Suppe hat. Mit dem Schneidstab zu einer glatten Masse pürieren.

Den Spargel über Wasserdampf oder im warmen Backofen wieder erhitzen. Die Hühnerbrüste in Scheiben schneiden. Die Torteletts jeweils mit einer Schicht Hühnerfleisch, Spargel, zerkrümelten Roquefort und Pilzsauce füllen. Mit Walnussöl beträufeln und mit Kerbel garnieren. Torteletts warm servieren, restliche Pilzsauce separat dazu reichen.

Hühnerbrustfilets mit Zitrone und Knoblauch

FÜR 4 PERSONEN
4 Hühnerbrustfilets ohne Haut, je 160 g
2 Knoblauchzehen
2 TL Honig
1 EL Olivenöl
1 Bund glatte Petersilie, gehackt
1 unbehandelte Zitrone (Schale von ¼ der Frucht abreiben, restliche Frucht in Spalten schneiden)
Grobes Meersalz
Grob gemahlener schwarzer Pfeffer

Hühnerbrustfilets so auf die Arbeitsplatte legen, dass das kleine Filet nach oben zeigt. Je ein Hühnerbrustfilet von der dicksten Stelle nach außen horizontal einschneiden, aber nicht ganz durchschneiden. Hühnerbrustfilet aufklappen, zwischen zwei Lagen starke Plastikfolie legen und mit dem Fleischklopfer gleichmäßig flach klopfen. Das Hühnerbrustfilet soll nach dem Klopfen nur noch höchstens einen Zentimeter dick sein. Mit den drei anderen Hühnerbrustfilets ebenso verfahren.

Knoblauch abziehen und mit dem Honig, Olivenöl, der gehackten Petersilie und der abgeriebenen Zitronenschale verrühren. Die Hühnerbrustfilets mit der Paste bestreichen und vor der Weiterverarbeitung 20 Minuten im Kühlschrank marinieren lassen. Dann die Hühnerbrustfilets in einer gusseisernen Grillpfanne auf jeder Seite etwa 2 Minuten braten.

Hühnerbrustfilets mit Meersalz und grob gemahlenem schwarzem Pfeffer bestreuen und mit einer Zitronenspalte garniert servieren.

Marokkanische Hackfleischbällchen

FÜR 6 PERSONEN
1 in Salz eingelegte Zitrone (marokkanische Spezialität, ersatzweise 2 EL Zitronen-zesten, zweimal blanchiert)
750 g mageres Hackfleisch vom Lamm
1 große Zwiebel, abgezogen und fein gehackt
½ EL Olivenöl
4 Knoblauchzehen, abgezogen und fein gehackt
2 Eier
3 TL gemahlener Kreuzkümmel
1 Prise Chilipulver
2 kleine Zweige Rosmarin, die Nadeln abgestreift und gehackt
Salz, Pfeffer
Gemüsefond (siehe Seite 122)

Die in Salz eingelegte Zitrone (siehe Seite 113) halbieren, Fruchtfleisch herausschaben und anderweitig verwenden. Die Schale fein würfeln. Schalenwürfel beziehungsweise blanchierte Schalenstreifen zu dem Hackfleisch geben. Die gehackte Zwiebel im Olivenöl glasig dünsten, etwas abkühlen lassen und mit dem Knoblauch, den Eiern, Kreuzkümmel und Chilipulver zu dem Fleisch geben. Nach Geschmack würzen. Alle Zutaten gut miteinander vermengen und aus dem Fleischteig Bällchen in Golfballgröße formen. In wenig Olivenöl Fleischbällchen von allen Seiten anbraten. Rosmarin und Salz und Pfeffer zugeben und so viel von der Gemüsebrühe angießen, dass die Bällchen zur Hälfte mit Flüssigkeit bedeckt sind. Bei mittlerer Hitze 20 Minuten garen, dabei die Pfanne gelegentlich rütteln. Mit Couscous (siehe unten) und der Garflüssigkeit servieren.

Für das Couscous:

6 Eiertomaten
3 Frühlingszwiebeln
1 Bund frische Minze
240 g vorgegarter Couscous
Garflüssigkeit der Hackfleischbällchen
2 EL helle Rosinen, blanchiert
2 EL Olivenöl
Salz, Pfeffer

Tomaten blanchieren und häuten. Halbieren und die Samen entfernen, abtropfen lassen und würfeln. Frühlingszwiebeln und Minze hacken und beiseite stellen. Couscous mit der Garflüssigkeit der Fleischbällchen oder nach der Packungsanweisung mit Wasser kochen. Tomaten, Frühlingszwiebeln, Minze, Rosinen und Olivenöl unter den gegarten Couscous heben. Abschmecken und heiß servieren.

In Salz eingelegte Zitronen:

Unbehandelte Zitronen waschen und abtrocknen, rundum mit kleinen Einschnitten versehen und Salzkörner in die Einschnitte reiben. Früchte in ein sauberes Gefäß legen und vor der Verwendung mindestens eine Woche ziehen lassen.

Gekochte Lammhaxen mit Sternanisbouillon

FÜR 4 PERSONEN
4 Lammhaxen
1 Zwiebel, abgezogen und gehackt
1 Stange Bleichsellerie, gehackt
4 Knoblauchzehen, abgezogen
2 weiße Rüben
12 Stück Sternanis
Salz, Pfeffer
1 Stange Lauch

Lammhaxen an der Knochenspitze um zwei Zentimeter kürzen. Dieser Teil besteht fast nur aus Knorpeln und Sehnen, und das fertige Gericht sieht ansprechender aus, wenn man ihn entfernt. Lammhaxen senkrecht in einen hohen Topf stellen. Topfgröße so wählen, dass die Haxen den Topf gut ausfüllen. Zwiebel, Bleichsellerie, die ganzen Knoblauchzehen, die gewaschenen und geviertelten Rüben und den Sternanis um die Haxen verteilen. Wasser zugießen, so dass die Haxen völlig mit Flüssigkeit bedeckt sind, salzen und pfeffern. Bei großer Hitze zum Kochen bringen.

Den Lauch gründlich waschen, den grünen Teil abschneiden und zu den Lammhaxen in den Topf geben. Den restlichen Lauch halbieren und schräg in Scheiben schneiden. Beiseite stellen.

Sobald die Lammhaxen kochen, abschäumen und die Hitze reduzieren. Bei geringer Hitze etwa 1 1/4 Stunden garen, die genaue Garzeit richtet sich nach dem Alter des Tieres. Das gegarte Fleisch sollte weich und saftig sein und sich fast vom Knochen lösen. Die Haxen mindestens 1 Stunde im Kochsud auskühlen lassen, dann herausnehmen und den Sud durch ein feines Sieb abseihen. Diese Arbeit können Sie bereits am Vortag erledigen.

Die Haxen vorsichtig, damit sie nicht zerfallen, in eine feuerfeste Form legen. Den Lammsud darüber gießen, zum Kochen bringen und den geschnittenen Lauch dazugeben. In 5–6 Minuten die Lammhaxen wieder erhitzen. Als Beilage passen Salzkartoffeln und weiße Rüben oder Steckrüben.

Lammeintopf mit Grapefruit und Kichererbsen

FÜR 6 PERSONEN
120 g getrocknete Kichererbsen
1 Lorbeerblatt
1 Zweig Rosmarin
12 Lammkoteletts vom Halsgrat (zusammen 1,6 kg)
Salz, Pfeffer, Muskatnuss (frisch gerieben)
3 EL Olivenöl
2 große Zwiebeln, abgezogen und gewürfelt
200 g feste kleine Champignons
3 rosa Grapefruits
2 EL Zucker
4 Knoblauchzehen, abgezogen und gehackt
260 ml fruchtiger Weißwein
100 ml Gemüsefond oder Hühnerfond (siehe Seite 122)

Kichererbsen 2–3 Stunden in Wasser einweichen. Gut abtropfen lassen, mit kaltem Wasser bedecken, Lorbeer und Rosmarin zugeben und zum Kochen bringen. Abschäumen und 45–60 Minuten auf mittlerer Stufe garen, bis die Kichererbsen gerade weich sind.

Die Koteletts salzen und pfeffern und in einer beschichteten Pfanne in wenig Olivenöl bei großer Hitze auf beiden Seiten gut anbräunen. Beiseite stellen. Bratfett wegschütten. Frisches Olivenöl in die Pfanne geben und die Zwiebeln goldbraun braten. Zwiebeln in einen Durchschlag geben und abtropfen lassen. Die gewaschenen und in Scheiben geschnittenen Pilze goldbraun braten und abtropfen lassen.

Mit einem scharfen Messer die Grapefruits schälen, dabei die weiße Haut völlig entfernen. Grapefruitfilets aus den Trennhäuten schneiden und beiseite stellen. Die restliche Frucht auspressen und den Saft auffangen. Die Schalen von zwei Grapefruits in 5 mal 50 Millimeter lange Streifen schneiden. Die Schalenstreifen in einen Topf geben, mit kaltem Wasser bedecken und aufkochen lassen. Dann die Schalen abtropfen lassen. Diesen Vorgang zweimal wiederholen. Die Schalenstreifen zurück in den Topf geben, den Zucker zugeben und die Schalen knapp mit Wasser bedecken. Bei geringer Hitze 30 Minuten sieden lassen, bis die Flüssigkeit sirupartig eingedickt ist.

Die Lammkoteletts in eine flamm- und ofenfeste Form legen und Zwiebeln, Pilze, gehackten Knoblauch, abgetropfte Kichererbsen, Grapefruitsaft, Weißwein, Brühe, gekochte Grapefruitschale mit dem Sirup und Salz, Pfeffer und Muskat zugeben. Zum Kochen bringen, Form nicht ganz bedecken und im Backofen bei 180 °C (Gas Stufe 4) 50–60 Minuten garen. Fettaugen an der Oberfläche mit einem Löffel abschöpfen oder abgießen. Die Lammkoteletts mit den Grapefruitfilets belegen und sehr heiß servieren.

Überbackene Schinken-Spinat-Pfannkuchen

FÜR 6 PERSONEN
320 g frischer Spinat
80 g altbackenes Weißbrot, Rinde entfernt
120 ml Milch
4 Schalotten
1 EL Olivenöl
280 g magerer gekochter Schinken guter Qualität
Salz, Pfeffer, Muskatnuss (frisch gerieben)
12 Pfannkuchen (siehe unten)
80 g Gruyère-Käse, gerieben

Spinat gut waschen und 30 Sekunden in kochendem Wasser blanchieren. In Eiswasser abschrecken, abtropfen lassen und gut ausdrücken. Das Brot in der Milch einweichen und gut ausdrücken. Die Schalotten abziehen, hacken und in Olivenöl glasig dünsten. Zum Auskühlen beiseite stellen. Spinat, Brot und Schinken durch die feine Scheibe des Fleischwolfs drehen und gut mit einem Holzlöffel verrühren. Mit Salz, Pfeffer und Muskatnuss würzen und die Schalotten unterheben.

Backofen auf 200 °C (Gas Stufe 6) vorheizen. Ein Drittel der Spinat-Schinken-Mischung beiseite stellen. Mit den restlichen zwei Dritteln der Mischung jeweils eine Pfannkuchenhälfte bestreichen und den Pfannkuchen einmal zusammenfalten. Mit der restlichen Mischung jeweils die Hälfte eines zusammengefalteten Pfannkuchens bestreichen und den Pfannkuchen zu einem Dreieck falten. Die Pfannkuchen-Dreiecke in eine feuerfeste Form legen, mit dem Käse bestreuen und 15–20 Minuten backen, bis die Oberfläche glänzend und knusprig ist und die Pfannkuchen leicht aufgegangen sind. Sofort servieren.

Für die Pfannkuchen:

125 g Mehl
80 g Weizenvollkornmehl
2 Eier
500 ml Milch
1 Prise Salz
Pflanzenöl

Mit dem Schneebesen die Eier mit den Mehlen verrühren. Nach und nach die Milch unterrühren, dabei darauf achten, dass sich keine Klümpchen bilden. Zum Schluss salzen und den Teig 60 Minuten quellen lassen. Eine beschichtete Pfanne mit Öl auspinseln und nacheinander Pfannkuchen backen. Die oben angegebenen Zutaten ergeben mehr als zwölf Pfannkuchen, deshalb ist es nicht tragisch, wenn ein Pfannkuchen misslingt oder der Koch sich einen gleich heiß aus der Pfanne genehmigt. Backen Sie die Pfannkuchen sehr dünn und gut durch, sie sollen fast trocken sein.

Kalbsleber mit Waldpilzen und süß-sauren Zwiebeln

Bei Leistungssportlern beziehungsweise allen, die regelmäßig mittel bis hart trainieren, erhöht sich automatisch die Anzahl der roten Blutkörperchen. Der Körper muss nämlich mehr rote Blutkörperchen produzieren, damit ausreichend Sauerstoff zu den stark beanspruchten Muskeln transportiert werden kann. Aber der Körper kann das Hämoglobin, den Farbstoff der roten Blutkörperchen, der für den Transport des Sauerstoffs sorgt, nicht produzieren, wenn ihm nicht genügend Eisen zur Verfügung steht, und deshalb müssen Sportler darauf achten, dass der Eisenspiegel stets hoch ist. Eisenpräparate können jedoch Nebenwirkungen haben, außerdem muss man sie mit einer hohen Dosis Vitamin C kombinieren, damit der Körper das Eisen besser aufnehmen kann. Deswegen sollten Sportler lieber gleich Nahrungsmittel zu sich nehmen, die von Natur aus viel Eisen enthalten, also Leber, mageres Fleisch, Ölsardinen, Hülsenfrüchte und grünes Blattgemüse.

FÜR 6 PERSONEN
6 rote Zwiebeln
Olivenöl, Salz, grob gemahlener Pfeffer
1 EL Vollrohrzucker, z.B. Rapadura
2 EL Sherry-Essig
200 g Austernpilze
100 g Pfifferlinge
2 Knoblauchzehen, abgezogen und gehackt
1 Bund glatte Petersilie, gehackt
8 Scheiben Kalbsleber, je 140 g

Zwiebeln abziehen und in Scheiben schneiden. Etwas Öl in eine breite Bratpfanne geben und die Zwiebeln hellgelb anbraten. Zucker, Salz und etwas grob gemahlenen Pfeffer nach Geschmack zugeben und bei mittlerer Hitze weiterbraten, dabei gelegentlich umrühren, damit die Zwiebeln nicht anbrennen. Der Zucker karamellisiert ziemlich schnell. Sobald er eine goldbraune Farbe angenommen hat, mit dem Essig ablöschen und die Pfanne mit einem Deckel nicht ganz schließen. Hitze reduzieren und 30 Minuten garen, bis die Zwiebeln weich, süßlich und klebrig sind.

Die Pilze putzen und wenn nötig waschen, sonst nur mit einem feuchten Tuch abreiben, damit sie sich nicht mit Wasser vollsaugen. Pilze in mundgerechte Stücke schneiden und in einer weiteren Pfanne in wenig Olivenöl bei starker Hitze unter ständigem Rühren goldgelb braten. Salzen und pfeffern. Kurz vor dem Servieren Knoblauch und Petersilie unterrühren und nochmals 20 Sekunden braten.

Leberscheiben leicht mit Öl bepinseln und unter dem heißen Grill auf beiden Seiten 3–4 Minuten grillen, je nach Dicke der Scheiben, bis die Leber gar, aber innen noch rosa ist. Mit den Pilzen und den süß-sauren Zwiebeln servieren.

Gepökelte Rinderbrust à la Sandra Petrou

Wenn ein Läufer während des Laufens einen Krampf bekommt, so ist dafür meist eine Störung des Elektrolythaushaltes des Körpers verantwortlich. Achten Sie darauf, die empfohlenen Mengen Natrium, Kalium und Magnesium zu sich zu nehmen. Auch mit ausreichender Flüssigkeitszufuhr und Stretching vor und nach dem Laufen beugen Sie Krämpfen vor. – Dieses Rezept überreichte mir im Übrigen meine liebe Freundin Sandra Petrou, eine Feinschmeckerin und echte Lady.

500 g grobes Meersalz
250 g Demerara-Zucker
4 gehäufte TL Salpeter
5,5–6 kg Rinderbrust bester Qualität, im Ganzen
6 Knoblauchzehen, abgezogen und zerdrückt
3 TL Pökelgewürz
2 TL weiße Pfefferkörner, zerstoßen
6 Lorbeerblätter

Salz, Zucker und Salpeter vermischen und das Fleisch auf beiden Seiten gut damit einreiben. Mit der restlichen Salzmischung und allen anderen Zutaten in einen irdenen Topf oder ein Plastikgefäß geben. Mit kaltem Wasser bedecken und 10–12 Tage in den Kühlschrank stellen. Fleisch täglich wenden.

Für das Garen:

8 Zuckerwürfel
4 EL Weißweinessig

Marinade abgießen und wegschütten. Das Rindfleisch unter fließendem kaltem Wasser abspülen und in einen großen Topf geben. Mit Wasser knapp bedecken. Zuckerwürfel und Essig dazugeben und zum Kochen bringen. Abschäumen und 4 1/2–5 Stunden auf kleiner Stufe garen, dabei wenn nötig heißes Wasser nachgießen.

Heiß mit Senf und Salzkartoffeln servieren, kalt als Sandwichbelag mit einem Relish als Beigabe reichen oder als Beilage zu einer gebackenen Kartoffel genießen. Das Gericht ist die lange Zubereitungszeit unbedingt wert.

Hühnerbrustfilets in Graupenbrühe

Ein wunderbares wärmendes, sättigendes Gericht für kalte Wintertage, das noch gewinnt, wenn Sie unmittelbar vor dem Servieren ein paar Tropfen Trüffelöl dazugeben oder – besser noch – großzügig frische schwarze Trüffel darüber hobeln.

FÜR 4 PERSONEN
2 Stangen Bleichsellerie
1 Knoblauchzehe
1 Stange Lauch, nur weiße und hellgrüne Teile
1 EL Olivenöl
600 ml Hühnerfond (siehe Seite 122)
120 g Perlgraupen
Salz, Pfeffer
4 Hühnerbrustfilets, je etwa 160 g
Petersilie, Estragon, Kerbel, gehackt
Schwarze Trüffel und/oder Trüffelöl (nach Belieben)

Bleichsellerie entfädeln und in sechs Millimeter große Würfel schneiden. Knoblauch abziehen und fein hacken. Lauch längs halbieren, unter fließendem kaltem Wasser waschen und fein schneiden.

Bleichsellerie, Knoblauch und Lauch in einer großen Kasserolle in dem Olivenöl weich dünsten. Hühnerfond und Perlgraupen zugeben, leicht salzen und pfeffern und zum Kochen bringen. Bei mittlerer Hitze 30 Minuten kochen, bis die Graupen weich sind – eventuell noch etwas heißes Wasser zugießen.

Die Hühnerbrustfilets in die leicht kochende Brühe legen, so dass sie mit Flüssigkeit bedeckt sind. Etwa 16 Minuten pochieren, je nach Dicke der Bruststücke. Graupenbrühe und Hühnerbrustfilets auf tiefe Suppenteller verteilen, mit den gehackten Kräutern bestreuen und nach Belieben die Trüffel darüber hobeln oder mit Trüffelöl beträufeln.

Gemüsefond

ERGIBT 2 LITER
1 Karotte
2 Schalotten
1 kleine Zwiebel
2 Stangen Bleichsellerie
1 Stange Lauch, nur der grüne Teil
1 Lorbeerblatt
1 Zweig Thymian
1 Hand voll Petersilienstängel

Gemüse putzen, schälen und grob zerkleinern und mit etwa 2,5 Liter kaltem Wasser bedecken. Kräuter dazugeben und alles zum Kochen bringen. Gemüsefond 35 Minuten kochen, dann abseihen.

Hühnerfond

ERGIBT 4 LITER
2 kg Hühnerknochen und Flügelspitzen
1 Kalbsfuß, gespalten
5 l Wasser
1 Zwiebel, abgezogen und geviertelt
1 kleine Stange Lauch, geputzt und in Scheiben geschnitten
2 Stangen Bleichsellerie, entfädelt und in Scheiben geschnitten
2 Zweige Thymian
6 Petersilienstängel

Knochen, Flügelspitzen und Kalbsfuß in einen großen Topf geben, mit dem Wasser bedecken und zum Kochen bringen. Mit einer Schaumkelle Fettaugen und Schaum abheben. Hitze reduzieren, die restlichen Zutaten in den Topf geben und 1 1/2 Stunden bei geringer Hitze kochen, dabei gelegentlich abschäumen.

Brühe durch ein feines Sieb abseihen und erkalten lassen. Die Brühe hält sich im Kühlschrank bis zu 5 Tage, Sie können sie aber auch einfrieren.

Meeresfrüchtefond

ERGIBT ETWA 2 LITER

Etwa 2 kg Schalen und Panzer von Garnelen, Krabben oder Hummern
oder Haut und Fransenränder von Jakobsmuscheln
½ Fenchelknolle
1 Zwiebel
1 Bund Basilikum
Etwa 2 ½ Liter Wasser
2 TL Tomatenmark

Gemüse und Basilikum zerkleinern und mit den restlichen Zutaten in einen großen Topf geben. Zum Kochen bringen und abschäumen. 25 Minuten auf kleiner Stufe kochen, durch ein feinmaschiges Sieb abseihen. Der Fond ist im Kühlschrank 2 bis 3 Tage haltbar. Sie können den Fond auch einfrieren.

Kalbsfond

ERGIBT 3,5 LITER

1,5 kg Kalbsknochen, zerhackt, und 1 Kalbsfuß, gespalten
1 EL Olivenöl
1 große Zwiebel, abgezogen
2 große Karotten, geschält
1 Stange Bleichsellerie
5 l Wasser
2 Knoblauchzehen, abgezogen
2 Zweige Thymian
½ EL Tomatenmark

Knochen und Kalbsfuß in eine flamm- und ofenfeste Form geben und in dem Öl im vorgeheizten Backofen (220 °C, Gas Stufe 7) unter gelegentlichem Wenden von allen Seiten braun rösten. In einen großen Topf umfüllen. Zwiebel, Karotten und Sellerie grob zerkleinern, in die ofenfeste Form geben und im Backofen goldbraun rösten, dabei häufig mit einem Holzlöffel umrühren. Überschüssiges Fett abgießen und das gebräunte Gemüse zu den Knochen in den Topf geben. Form auf die heiße Herdplatte stellen und Bratensatz mit einem halben Liter kochendem Wasser lösen. Flüssigkeit zu den Knochen in den Topf geben. Restliche Zutaten und restliches Wasser in den Topf geben und zum Kochen bringen. Mit einer Schaumkelle Fett und Schaum abschöpfen, Hitze reduzieren und 3 1/2 Stunden kochen, dabei gelegentlich nochmals abschöpfen. Die Brühe durch ein feines Sieb abseihen und erkalten lassen. Der Fond hält sich im Kühlschrank bis zu 10 Tage. Sie können ihn aber auch einfrieren.

5

Nudeln, Reis, Hülsenfrüchte

Es folgen einige Rezepte mit frischen Nudeln, die man ganz leicht selbst zu Hause herstellen kann. An Geräten braucht man dazu am besten eine Nudelmaschine – und Handbesen und Kehrschaufel, damit man das Mehl, das in alle Ecken und Winkel zu dringen scheint, wieder auffegen kann!

Natürlich sind frische Nudeln einfach köstlich, aber auch die getrockneten können vorzüglich schmecken. Nur schlecht gemachte Nudeln, egal ob frisch oder getrocknet, sind abzulehnen. Zahlreiche Feinkostgeschäfte und Supermärkte führen inzwischen frische Pasta, und wenn Sie welche kaufen, so lassen Sie sich dabei am besten von dem Prinzip »Versuch und Irrtum« und von Ihren persönlichen Vorlieben leiten. Ich persönlich bevorzuge Nudeln, die viel Ei enthalten, und schrecke vor denen zurück, die »aromatisiert« und zu diesem Zweck leuchtend grün oder rot gefärbt worden sind. Spinat und Tomaten esse ich lieber in der begleitenden Nudelsauce oder als separate Beilage. Weit interessanter finde ich dagegen fertig gekaufte Nudeln, die statt aus Hartweizen aus Dinkel, Kamut, Roggen oder Vollkornweizen hergestellt sind, oder auch die köstlichen Nudelsorten der asiatischen Küche. Wenn Ihnen nach einem langen Lauf durch den Park der Sinn nach einem Teller Pasta steht, so finden Sie auf den nächsten Seiten ein paar passende Rezepte.

Basmati, Arborio, Langkornreis, kanadischer Wildreis, roter Reis aus der Camargue, um nur einige Sorten zu nennen – so verschieden sie auch sind, so sind sie doch alle wohlschmeckend. Etwa die Hälfte der Erdbevölkerung ernährt sich hauptsächlich von Reis. Darüber hinaus enthält er kein Gluten, ist also ideal für alle, die auf Weizen allergisch reagieren.

Bohnen und andere Hülsenfrüchte sind reich an Ballaststoffen und wertvollen Kohlenhydraten. Ein berühmter englischer Fußballspieler antwortete auf die Frage, welcher Kost er denn seine ausgezeichnete körperliche Verfassung zuschreibe: »chicken 'n' beans«, also Hähnchen mit Bohnen. Bis heute drücken die Fans dieses Spielers, der nie müde zu werden scheint, ihre Bewunderung in dem Anfeuerungsruf aus: »We eat chicken 'n' beans«.

Vollkorn-Tagliatelle

FÜR 4 PERSONEN
200 g Weizenvollkornmehl
50 g Weizenmehl, Type 550
3 Eigelbe
1 ganzes Ei

Alle Zutaten zu einem Teig verkneten, nach Bedarf etwas Wasser zufügen. Teig mindestens 1 Stunde im Kühlschrank ruhen lassen. Der Teig sollte geschmeidig sein und nicht mehr kleben. Mit der Nudelmaschine den Teig in der gewünschten Stärke ausrollen. Teigplatte in lange dünne Tagliatelle-Streifen schneiden und zum Trocknen aufhängen. Das geht am besten über einem sauberen Besenstiel, den man zwischen zwei Stühle legt. Die getrockneten Nudeln auf ein leicht mit Mehl bestäubtes Tablett legen und mit Pergamentpapier abdecken. So gelagert halten sich die Nudeln an einem trockenen kühlen Ort bis zu einer Woche. In reichlich kochendem Salzwasser al dente kochen, abgießen und mit etwas Olivenöl vermischen.

Tagliatelle mit Ei und Olivenöl

FÜR 4 PERSONEN
400 g Mehl
30 ml kräftiges Olivenöl
4 Eier
1 Prise Salz

Dieser Teig ist sehr geschmeidig und kann ohne große Mühe von Hand geknetet werden. Ansonsten wie oben zubereiten.

Einfacher Nudelteig (Grundrezept)

FÜR 6 PERSONEN
500 g Mehl
4 ganze Eier
4 Eigelbe
1 EL Olivenöl
1 Prise Salz

Wie Vollkorn-Tagliatelle zubereiten.

Quinoa und Dicke Bohnen mit Knoblauch-Koriander-Pesto

FÜR 4 PERSONEN
250 g Dicke Bohnen, gepalt
120 g Quinoa
Salz, Pfeffer

Die Dicken Bohnen in kochendem Salzwasser in etwa 3–4 Minuten weich kochen (die genaue Garzeit richtet sich nach der Größe der Bohnenkerne). Abgießen und in Eiswasser abschrecken, damit der Garprozess gestoppt wird und die Bohnen ihre grüne Farbe behalten. Erneut abgießen und das harte Häutchen entfernen.

Quinoa in der eineinhalbfachen Wassermenge gar kochen. Dabei der Packungsanweisung folgen, denn die Kochzeit hängt davon ab, aus welcher Gegend das Getreide stammt. Quinoa nicht zu trocken werden lassen – das gekochte Getreide sollte noch leicht feucht sein und die Konsistenz eines Risotto haben. Die gehäuteten Bohnenkerne und Pesto (siehe unten) nach Geschmack unter das Getreide heben. Mit reichlich Salz und Pfeffer würzen.

Knoblauch-Koriander-Pesto:

Die Zutaten ergeben eine größere Menge Pesto, als für das Quinoa-Gericht benötigt wird, aber es hält sich in einem gut verschließbaren Gefäß im Kühlschrank bis zu zwei Wochen. Das Pesto schmeckt vorzüglich als Beigabe zu gegrilltem Fisch, Salaten oder einfach auf Toast.

12 Knoblauchzehen
2 große Bund Koriander (etwa 100 g)
1 Bund glatte Petersilie
12 Walnüsse
8 EL Olivenöl
Salz

Knoblauchzehen abziehen. Mit den restlichen Zutaten im Mixer zu einer grobkörnigen, nicht ganz sämigen Paste pürieren. Das Pesto nicht zu lange bearbeiten, sonst verliert es seine leuchtend grüne Farbe. Sie können die Zutaten auch in einem Mörser zerstoßen.

Riesengarnelen mit Wildreis

Wildreis besitzt ein ausgesprochen nussiges Aroma, das besonders gut zu Meeresfrüchten passt. Bei diesem Rezept werden Riesengarnelen verwendet, Sie können aber auch Langusten, Hummer, Tintenfische, Jakobsmuscheln oder eine Kombination der verschiedensten Meeresfrüchte auf diese Art zubereiten. Die angegebenen Zutaten reichen als Vorspeise für sechs Personen. Sie können die Speise jedoch auch als Beilage zu jedem beliebigen Fischgericht reichen oder die Zutaten erhöhen und sie als Hauptgericht servieren.

FÜR 6 PERSONEN
360 g Wildreis
2 kleine Zwiebeln, abgezogen und fein gehackt
1 rote Paprikaschote, gehäutet und gewürfelt
1 gelbe Paprikaschote, gehäutet und gewürfelt
Etwas Butter
1 l Meeresfrüchtefond (siehe Seite 123)
Salz und Pfeffer
18 Riesengarnelen

Backofen auf 160 °C (Gas Stufe 3) vorheizen. Reis in kaltem Wasser waschen und gut abtropfen lassen. Zwiebeln und Paprikaschoten in einer ofen- und flammfesten Kasserolle in einem Esslöffel Butter weich dünsten. Reis zugeben und unter ständigem Rühren 2 Minuten anschwitzen. 600 Milliliter Meeresfrüchtefond angießen und aufkochen lassen. Kasserolle mit Pergamentpapier bedecken und etwa 40 Minuten im Backofen garen. Dabei alle 15 Minuten umrühren und etwas Fond nachgießen. Am Ende der Garzeit sollten die Reiskörner die gesamte Flüssigkeit aufgesogen haben, weich sein und gerade anfangen, aufzuspringen. Den Reis salzen und pfeffern, mit einer Gabel etwas Butter unterheben und auflockern.

Die Köpfe der Riesengarnelen entfernen und Fleisch aus den Schalen brechen, aber die Schwanzflossen daran lassen. Schalen und Köpfe für einen Fond aufbewahren. Riesengarnelen mit einem scharfen Messer am Rücken der Länge nach aufschneiden und den Darm entfernen. Etwas auseinander drücken. Garnelen entweder grillen oder in einer mit Olivenöl ausgestrichenen beschichteten Pfanne kurz braten. Mit Salz und Pfeffer würzen und mit dem Reis servieren.

Tagliatelle mit Olivenpaste und Schinken

FÜR 4 PERSONEN
8 Scheiben Bayonne-Schinken oder Parmaschinken
300 g Tagliatelle
Frisch gemahlener Pfeffer

Schinken in feine Streifen schneiden. Nudeln in reichlich kochendem Salzwasser al dente kochen. Abgießen, Olivenpaste (siehe unten) und Schinkenstreifen unterheben. Pfeffer darüber mahlen und sofort servieren.

Für die Olivenpaste:

100 g grüne aromatische Oliven guter Qualität
2 rote Paprikaschoten
5 EL Olivenöl
1 EL frische Thymianblättchen, dazu ein paar Thymianzweige zum Garnieren

Oliven entsteinen. Paprikaschoten unter dem Grill von allen Seiten rösten, bis die Haut schwarze Blasen wirft. Paprika häuten, Samen und Scheidewände entfernen und würfeln. Oliven mit dem Olivenöl zu einer nicht zu glatten Paste pürieren. Paprikawürfel und Thymian unterrühren. Die Menge ergibt mehr, als Sie für das Nudelgericht brauchen, aber die Paste ist im Kühlschrank gut haltbar.

Penne mit Zitrone und Petersilie

FÜR 4 PERSONEN
1 große unbehandelte Zitrone
320 g Penne
4 EL Olivenöl
Salz, Pfeffer
2 EL Pinienkerne, geröstet
4 Frühlingszwiebeln, in feine Ringe geschnitten
1 Bund glatte Petersilie, gewaschen und grob gehackt

Die Zitrone waschen und quer halbieren. Von einer Zitronenhälfte die Schale dünn abschälen, darauf achten, dass die weiße Haut nicht mit abgeschält wird. Schale in sehr dünne Julienne-Streifen schneiden, zweimal blanchieren und abtropfen lassen. Zitronenhälften auspressen und den Saft beiseite stellen. Die Nudeln in reichlich kochendem Salzwasser kochen, abgießen und mit warmem Wasser abbrausen. Nudeln zurück in den Topf geben, Olivenöl, Salz, Pfeffer, geröstete Pinienkerne und Frühlingszwiebeln zugeben und 1–2 Minuten unter Rühren miteinander vermischen. Petersilie, Zitronensaft und Zitronenschale unterheben und sofort servieren.

Basmati-Reis mit Mandeln und Zimt

FÜR 4 PERSONEN
200 g Basmati-Reis
½ Zwiebel
2 Knoblauchzehen
1 EL Olivenöl
1 Stück Zimtrinde, dazu etwas gemahlener Zimt zum Bestreuen
1 TL Zucker
400 ml Gemüsefond (siehe Seite 122)
Salz, Pfeffer
60 g Mandeln, gehobelt
1 EL Butter (nach Belieben)

Die benötigte Flüssigkeitsmenge hängt von der Qualität des Basmati-Reises ab, also bitte Packungsanweisung beachten.

Zwiebel und Knoblauchzehen abziehen und hacken. In einem ofen- und flammfesten Schmortopf in dem Olivenöl glasig dünsten. Zimtrinde und Zucker zugeben, Gemüsefond angießen und Reis unterrühren. Etwas salzen und pfeffern und zum Kochen bringen. 1 Minute kochen. Deckel aufsetzen, Topf vom Herd ziehen und zugedeckt 30 Minuten quellen lassen. Nach dieser Zeit sollte der Reis alle Flüssigkeit aufgesogen haben und gar sein.

Die gehobelten Mandeln unter dem Grill oder in einer trockenen Pfanne leicht rösten und mit einer Gabel unter den Reis mischen, dabei nach Belieben Butter unterheben. Vor dem Servieren mit etwas gemahlenem Zimt bestreuen.

Der erste London Marathon fand im März des Jahres 1981 statt. Von 7.747 angetretenen Läufern erreichten 6.255 das Ziel. Seit dieser Zeit wird dieses sportliche Großereignis alljährlich durchgeführt. 508.352 Läufer haben inzwischen die Strecke erfolgreich zurückgelegt.

Risotto mit Spargel und Parmesan

FÜR 4 PERSONEN
24 Stangen grüner Spargel
400 ml Gemüsefond (siehe Seite 122)
1 Zwiebel
1 EL Butter
200 g Arborio-Reis
60 ml trockener Weißwein
60 g Parmesankäse, in Späne gehobelt
1 EL Mascarpone-Frischkäse
Salz, Pfeffer

Spargel schälen und jeweils sechs Stangen zusammenbinden. In kochendem Salzwasser weich kochen. In Eiswasser blanchieren, damit der Garprozess gestoppt wird und der Spargel seine grüne Farbe behält. Abtropfen lassen und die Spitzen etwa drei Zentimeter lang abschneiden. Spitzen beiseite stellen. Die restlichen Stangen mit dem Gemüsefond im Mixer pürieren. Durch ein feines Sieb streichen und ebenfalls beiseite stellen.

Zwiebel abziehen und hacken und in der Hälfte der Butter glasig dünsten. Den Reis einrühren und 2 Minuten anschwitzen. Den Wein angießen und unter Rühren weiterkochen, bis der Wein verkocht ist.

Nach und nach jeweils eine Schöpfkelle Spargel-Gemüse-Brühe zu dem Reis geben, dabei gelegentlich umrühren. Bei geringer Hitze 18–20 Minuten sanft garen, bis die Reiskörner die gesamte Flüssigkeit aufgesogen haben und weich sind. Topf vom Herd ziehen, Mascarpone und die restliche Butter unterheben. Gut salzen und pfeffern. Spargelspitzen und Parmesanspäne auf den Reis geben und sofort servieren.

Hüftdehnung

Weiße Bohnen mit Chorizo und Tomaten

Ich liebe Hülsenfrüchte und Nudeln über alles und bin vollauf zufrieden, wenn sie statt Fleisch oder Fisch den Hauptbestandteil eines Mahls bilden. Hülsenfrüchte schmecken köstlich als Salat in einer Marinade, bestehend aus »Fleur de Sel« oder grobem Meersalz, Olivenöl und Zitronensaft, entweder als Beigabe zum Hauptgericht oder als eigenständige Mahlzeit. Kombinieren Sie doch einmal Hülsenfrüchte mit dem kräftigen Aroma von Sardellenfilets, geräuchertem Fleisch oder Wurst – ein wenig davon genügt, um den vollen Geschmack zu erleben.

FÜR 4 PERSONEN
200 g getrocknete weiße Bohnen (vorzugsweise Limabohnen; als Hauptgericht 320 g nehmen, die anderen Zutaten dann entsprechend erhöhen)
1 Lorbeerblatt
2 Zweige Thymian
Salz, Pfeffer
6 Eiertomaten
4 Schalotten
1 Knoblauchzehe
3 EL Olivenöl
1 Bund glatte Petersilie, grob gehackt
12 dünne Scheiben harte Chorizo (würzige Knoblauchwurst)

Die Bohnen in kaltem Wasser 2 Stunden einweichen. Abtropfen lassen und in einen Topf geben. So viel frisches Wasser zugießen, dass die Bohnen mindestens sechs Zentimeter hoch bedeckt sind. Lorbeerblatt und Thymian zugeben. Zum Kochen bringen, abschäumen und die Hitze reduzieren. 30 Minuten bei geringer Hitze garen. Salzen und weitere 45–60 Minuten garen, bis die Bohnen weich sind.

In der Zwischenzeit die Tomaten blanchieren, häuten, halbieren und die Samen entfernen. Tomaten grob hacken und beiseite stellen. Schalotten und Knoblauch abziehen, hacken und in einem Esslöffel Olivenöl glasig dünsten. Tomaten zugeben, gut salzen und pfeffern und weitere 15–20 Minuten leicht kochen, bis eine dicke Sauce entsteht.

Die weichen Bohnen abgießen und abtropfen lassen. Wenn Sie die harte Außenhaut der Bohnenkerne stört, ist jetzt der richtige Zeitpunkt, sie zu entfernen. Ansonsten die Bohnen vorsichtig unter die Tomatensauce heben. Das restliche Olivenöl und die gehackte Petersilie zugeben. Alles in eine feuerfeste Form füllen und die Wurstscheiben obenauf legen. 2 Minuten unter den Grill stellen, damit die Wurstscheiben zu schwitzen anfangen und etwas von ihrem köstlichen Aroma an die Bohnen abgeben. Heiß servieren.

Kichererbsen mit Safran und Koriander

Die Kichererbsen müssen über Nacht in kaltem Wasser eingeweicht werden, also schon am Vortag mit der Zubereitung beginnen.

FÜR 4 PERSONEN
2 unbehandelte Zitronen
240 g Kichererbsen, über Nacht eingeweicht
2 Knoblauchzehen
1 Stange Bleichsellerie
1 Bund Koriandergrün, Blätter von den Stielen gezupft
80 g helle Rosinen
6 Schalotten
Einige Safranfäden
4 TL Olivenöl
Salz, Pfeffer
2 rote Paprikaschoten
1 rote Chilischote

Eine Zitrone dünn schälen, die Schale in sehr feine Julienne-Streifen schneiden. In kochendem Salzwasser blanchieren und abtropfen lassen. Vorgang dreimal wiederholen. Beide Zitronen auspressen und den Saft beiseite stellen.

Die eingeweichten Kichererbsen abgießen, mit kaltem Wasser abbrausen und in einen Topf geben. Mit frischem Wasser bedecken. Knoblauch abziehen und mit der Selleriestange und den Korianderstielen in den Topf geben. Zum Kochen bringen, abschäumen und 30 Minuten auf mittlerer Stufe kochen. Salzen und weitere 45–60 Minuten kochen, bis die Kichererbsen weich sind. Im Kochwasser etwas auskühlen lassen, dann die harte Außenhaut der Kichererbsen entfernen – meine Großmutter schwört auf das Enthäuten, weil damit die sonst beim Genuss von Kichererbsen möglichen unangenehmen Begleiterscheinungen nicht auftreten!

Kichererbsen abgießen, dabei etwas von der Kochflüssigkeit auffangen, und Sellerie und Korianderstiele entfernen. Der Knoblauch sollte vollständig verkocht sein. Rosinen in kochendem Wasser 1 Minute blanchieren, abgießen und mit der Zitronenschale zu den Kichererbsen geben. Schalotten abziehen, in Scheiben schneiden und in etwas Olivenöl goldbraun braten. Die Hälfte des Zitronensafts und die Safranfäden zugeben und 20 Sekunden kochen. Diese Mischung mit den Kichererbsen in eine Servierform füllen. Korianderblätter grob hacken und mit Salz und Pfeffer unter die Kichererbsen heben. Mit etwas Olivenöl beträufeln.

Die Paprikaschoten unter dem heißen Grill rösten, bis die Haut schwarze Blasen wirft. Haut abziehen, Samenkörner und Scheidewände entfernen. Fruchtfleisch mit der Chilischote, dem restlichen Olivenöl und Zitronensaft im Mixer pürieren, dabei, wenn nötig, etwas Kochflüssigkeit der Kichererbsen zugeben, so dass eine glatte Sauce entsteht. Sauce abschmecken und über und um die Kichererbsen verteilen.

Spaghetti mit Schwertmuscheln, Petersilie und Knoblauch

Kaufen Sie Muscheln nur bei einem Fischhändler Ihres Vertrauens und achten Sie darauf, dass die Schalen geschlossen sind. Sollten Sie keine Schwertmuscheln bekommen, nehmen Sie Venusmuscheln oder eine Mischung verschiedener Muscheln.

FÜR 4 PERSONEN
1 kg frische Schwertmuscheln
2 Schalotten
4 EL Olivenöl
200 ml trockener Weißwein
300 g Spaghetti
1 Bund glatte Petersilie, gehackt
2 Knoblauchzehen, abgezogen und gehackt
1–2 rote Chilischoten (nach Belieben), gehackt
Salz, Pfeffer

Die Muscheln in kaltem Wasser gründlich waschen. Die Schalotten abziehen, fein hacken und in einer großen Kasserolle in einem halben Esslöffel Olivenöl anschwitzen. Muscheln zugeben. Wein angießen und Kasserolle mit einem gut sitzenden Deckel schließen. Alles zum Kochen bringen. Nach 3–4 Minuten die Kasserolle rütteln und prüfen, ob die Muscheln gar sind. Die genaue Kochzeit richtet sich nach der verwendeten Muschelsorte. Sobald sich alle Muschelschalen geöffnet haben, die Kasserolle von der Kochstelle nehmen – die Muscheln werden zäh, wenn man sie zu lange gart. Einen Durchschlag in eine Schüssel stellen, die Muscheln abgießen und den Sud auffangen. Die Muscheln aus ihren Schalen lösen – ein paar davon in den Schalen belassen und für die Garnierung beiseite stellen – und dabei den kleinen Sandbeutel oder Darm am unteren Ende der Muschel entfernen. Den Sud durch ein feines Sieb abseihen, in einen Topf geben und zur Hälfte einkochen lassen.

Die Nudeln in reichlich Salzwasser garen, abgießen und zurück in den Topf geben. In einem weiteren Topf Muscheln in dem reduzierten Sud erwärmen und mit dem Öl, Petersilie, Knoblauch und Chilischoten verrühren. Muscheln zu den Spaghetti geben und gut miteinander vermischen. Mit Salz und Pfeffer abschmecken und in Portionsteller füllen. Jeweils mit ein paar Muscheln in ihren Schalen dekorativ garnieren und sofort servieren.

Linsen und Kartoffeln mit Sardellenfilets

Dieses Gericht können Sie als Vorspeise, Hauptgericht oder auch als Beilagensalat zu gegrilltem Fisch servieren. Ausschlaggebend ist bei diesem Rezept die Qualität der Sardellenfilets. Sie dürfen nicht zu salzig sein, denn das Salz würde ihr feines Aroma überlagern; sie sollten fest und fleischig und als Fisch erkennbar sein und nicht an Streifen von braunem Pappkarton erinnern. Wenn Sie das Gericht als Hauptgang servieren wollen, verdoppeln Sie die angegebenen Zutaten.

FÜR 4 PERSONEN
200 g grüne Linsen
4 mittelgroße fest kochende Kartoffeln (vorzugsweise der Sorte Charlotte oder Belle de Fontenay)
1 Karotte
2 Schalotten
½ Stange Lauch
140 ml Gemüsefond (siehe Seite 122)
Salz, Pfeffer
3 EL Olivenöl
2 EL Rotweinessig
1 Bund glatte Petersilie, gehackt
8 Sardellenfilets

Die Linsen in kaltem Wasser waschen. In einen Topf geben, mit reichlich Wasser bedecken und auf hoher Stufe zum Kochen bringen. Abschäumen und bei mittlerer Hitze etwa 40 Minuten garen, bis die Linsen weich sind. Abgießen, Kochflüssigkeit wegschütten und Linsen warm stellen.

Kartoffeln waschen und in der Schale in kochendem Salzwasser gar kochen. Etwas abkühlen lassen, pellen, halbieren und mit den Linsen warm stellen.

Karotte schälen, Schalotten abziehen und alles fein hacken. Lauch in dünne Ringe schneiden. Mit dem Gemüsefond in einen großen flachen Topf geben. Auf mittlerer Stufe weich kochen, dabei gelegentlich umrühren. Linsen und Kartoffeln unterheben, mit wenig Salz und reichlich Pfeffer würzen und mit dem Öl, Essig und Petersilie vermischen. Vor dem Servieren die Sardellenfilets in Streifen schneiden und über die Kartoffeln legen. Warm servieren.

Schwarze Bohnen mit Fenchelsamen und roten Paprikaschoten

FÜR 4 PERSONEN
160 g getrocknete schwarze Bohnen (ersatzweise rote Kidneybohnen)
3 rote Paprikaschoten
2 mittelgroße rote Zwiebeln
3 EL Olivenöl
3 Knoblauchzehen
1 EL Fenchelsamen
150 ml Gemüsefond (siehe Seite 122)
1 EL Rotweinessig
Salz, Pfeffer

Die Bohnen über Nacht in kaltem Wasser einweichen. Am nächsten Tag Bohnen abgießen, in einen Topf geben und mit reichlich kaltem Wasser bedecken. Aufkochen lassen und mindestens 10 Minuten sprudelnd kochen, damit die Toxine unschädlich gemacht werden. Hitze reduzieren und 40–50 Minuten garen, bis die Bohnen weich sind.

Die Paprikaschoten unter dem Grill von allen Seiten rösten, bis die Haut schwarze Blasen wirft. Mit Klarsichtfolie bedecken und etwas abkühlen lassen. Nach dem Abkühlen die Haut abziehen und Samen und Scheidewände entfernen. Fruchtfleisch in große Würfel schneiden.

Die Zwiebeln abziehen und hacken und in einer beschichteten Pfanne in einem halben Esslöffel Olivenöl unter ständigem Rühren braten, bis sie weich sind. Knoblauch abziehen und hacken. Knoblauch, Paprikawürfel und Fenchelsamen unterrühren und 2–3 Minuten mitbraten.

Die Bohnen abgießen und die Hälfte davon mit einer Gabel zerdrücken, so dass sie aber noch zusammenhalten. Alle Bohnen zu den Zwiebeln in die Pfanne geben, Gemüsefond und Rotweinessig zugießen und kräftig mit Salz und Pfeffer würzen. Alles nochmals kurz erhitzen, mit dem restlichen Olivenöl beträufeln und servieren. Dieses Gericht schmeckt auch kalt als Salat vorzüglich.

6

Gemüsegerichte und Salate

Grüner Bohnensalat mit Walnüssen

Am besten schmecken für diesen Salat die ersten jungen frischen Walnüsse der Saison, die noch nicht einem Trocknungsprozess unterzogen, sprich haltbar gemacht worden sind. Diese Nusskerne haben ein feines, milchiges Aroma, das keine Spur des bitteren Geschmacks aufweist, den man bisweilen bei Walnüssen findet. Je nach Region sind diese Nüsse etwa von Ende September bis Mitte November erhältlich.

FÜR 4 PERSONEN
480 g zarte grüne Bohnen
2 EL Walnussöl
2 EL Rotweinessig
1 Schalotte, gehackt
Salz, Pfeffer
20 frische Walnüsse, geschält und enthäutet
Kerbel

Bohnen waschen, beide Enden abschneiden. In reichlich kochendem Salzwasser blanchieren, bis die Bohnen gar sind, aber noch Biss haben. In kaltem Wasser abschrecken, damit der Garprozess gestoppt wird und die Bohnen ihre leuchtend grüne Farbe behalten. Gut abtropfen lassen und mit dem Walnussöl, Essig, der gehackten Schalotte, Salz und Pfeffer vermischen. Walnusskerne über den Bohnensalat streuen. Mit reichlich Kerbel garnieren.

Dehnung der Leistengegend

Der erste New York Marathon fand im September 1970 mit nur 127 Läufern statt. Inzwischen nehmen alljährlich etwa 30.000 Männer und Frauen daran teil, und Millionen begeisterter Zuschauer verfolgen dieses Ereignis.

Ratatouille

Ratatouille ist ein wunderbares, eigenständiges Gericht, das man mit einem pochierten Ei und etwas Räucherschinken gut als Hauptgang servieren kann. Es harmoniert vorzüglich mit Lammbraten, aber auch kalt anstelle eines Salats schmeckt es köstlich. In diesem Fall geben Sie unmittelbar vor dem Servieren ein paar Basilikumblätter dazu und beträufeln es mit kräftigem Olivenöl.

FÜR 6 PERSONEN
6 rote Paprikaschoten
4 grüne Paprikaschoten
1 große Zwiebel
2 Knoblauchzehen
2 Zucchini
2 Auberginen
4 Eiertomaten
Olivenöl
1 TL Tomatenmark
Salz, Pfeffer
2 Zweige Thymian
1 Lorbeerblatt

Paprikaschoten mit dem Sparschäler schälen, vierteln, Samen und Scheidewände entfernen und in ein Zentimeter große Würfel schneiden. Zwiebel abziehen und ebenfalls in ein Zentimeter große Würfel schneiden. Knoblauch abziehen und zerdrücken. Zucchini waschen und würfeln, den inneren Mittelteil mit den Samen entfernen, wenn er zu weich ist. Mit den Auberginen ebenso verfahren. Tomaten blanchieren, häuten, entkernen und würfeln.

Eine beschichtete Bratpfanne mit Olivenöl auspinseln und erhitzen. Zucchini, Zwiebel, Paprika und Auberginen separat nacheinander anbraten, jeweils in einen Durchschlag geben und 10 Minuten abtropfen lassen. Das Gemüse mit den restlichen Zutaten in einen schweren Schmortopf geben. Gut salzen und pfeffern und zum Kochen bringen, dabei gelegentlich rühren, damit nichts anbrennt. Hitze reduzieren, Thymianzweige und Lorbeerblatt zugeben, Schmortopf mit einem Deckel schließen und auf kleiner Flamme etwa 25 Minuten garen, bis das Gemüse weich ist.

Brunnenkresse-Birnen-Salat mit Senfdressing

FÜR 6 PERSONEN
6 Bund Brunnenkresse, etwa 80 g pro Person
1 rote Zwiebel
2 Birnen, z.B. Williams Christ
Pfeffer

Als ersten Arbeitsgang das Senfdressing zubereiten (siehe unten). Brunnenkresse putzen und die harten unteren Stiele entfernen. In sehr kaltem Wasser gründlich waschen, abtropfen lassen und trockenschütteln. Zwiebel abziehen und in dünne Scheiben schneiden. Birnen waschen und ungeschält hauchdünn schneiden oder hobeln. Diesen Vorgang erst unmittelbar vor dem Servieren erledigen, da sich sonst die Birnen braun verfärben. Vorsichtig alle Zutaten mit dem Senfdressing vermischen und mit reichlich Pfeffer würzen.

Für das Senfdressing:

1 EL heller, dünnflüssiger Honig
1 EL Essig
1 Prise Salz
2 EL grobkörniger Senf
4 EL Olivenöl

Honig, Essig, Salz und Senf verschlagen und nach und nach das Öl unterrühren. Die Zutaten ergeben eine größere Menge Dressing, als für das oben genannte Rezept gebraucht wird, aber es hält sich im Kühlschrank mehrere Wochen.

Romana-Salat mit Käse und Trüffel

FÜR 4 PERSONEN
16 sehr dünne Scheiben von einem dünnen Baguette
1 Knoblauchzehe, abgezogen
4 EL Olivenöl
1 Romana-Salat
120 g mittelalter Gouda
Salz, Pfeffer
1 EL Rotweinessig
1–2 frische Périgord-Trüffel
1 Bund Kerbel, Blätter von den Stielen gezupft

Brotscheiben toasten, auf einer Seite mit einer halben Knoblauchzehe einreiben und sparsam mit Olivenöl beträufeln. Salat putzen und nur das Salatherz verwenden. Salatherz in Blätter teilen, waschen und trockenschütteln. Mit einem Sparschäler oder Käsemesser Gouda in Späne schneiden. In einer großen Salatschüssel die Salatblätter mit etwas Salz, Pfeffer, der restlichen halben, durchgepressten Knoblauchzehe, dem restlichen Olivenöl und dem Rotweinessig vermischen. Käse und Brotscheiben untermischen. Zum Schluss die Trüffel über den Salat hobeln und mit Kerbelblättchen bestreuen. In einer Schüssel oder auf Portionstellern servieren.

Sie können auch Käse-Chips zubereiten und damit den Salat garnieren. Dazu 160 Gramm mittelalten Gouda oder Emmentaler fein reiben und in der Form von runden Plätzchen, oder beliebigen anderen Formen, zwei bis drei Millimeter dick auf eine Silikon-Backunterlage oder ein mit Backpapier ausgelegtes Backblech setzen. Unter den heißen Grill schieben, bis die Käse-Chips eine goldbraune Farbe angenommen haben. 20 Sekunden auskühlen lassen, dann mit einem Spatel von der Backunterlage lösen und auf einer trockenen ebenen Oberfläche fest werden lassen.

Der Boston Marathon ist der älteste City-Marathon, der regelmäßig jedes Jahr durchgeführt wird. Der erste Lauf fand am 19. April 1897 statt, Sieger war John J. McDermott aus New York. 15 Läufer nahmen daran teil.

Ofenkartoffeln mit Käse und Räucherspeck

Dieses Gericht ist eine köstliche Beilage für ein eher schlichtes Hauptgericht, beispielsweise zu einer gegrillten Scheibe Fleisch.

FÜR 6 PERSONEN
6 große fest kochende Kartoffeln, z.B. Charlotte
2 EL Crème fraîche
Salz, Pfeffer, geriebene Muskatnuss
260 g Pancetta oder durchwachsener geräucherter Bauchspeck (im Ganzen)
120 g mittelalter Cheddar-Käse, gerieben

Kartoffeln waschen und in der Schale in Salzwasser kochen. Abgießen. Jede Kartoffel unten etwas flach abschneiden, so dass sie gut auf der Arbeitsfläche liegt und nicht wegrollt. Von jeder Kartoffel oben eine sechs bis acht Millimeter dicke Scheibe wegschneiden und die Kartoffel sehr vorsichtig, ohne dass die Schale einreißt, etwas aushöhlen. Das herausgeschabte Kartoffelfleisch in eine Schüssel geben und mit der Crème fraîche, Salz, Pfeffer und Muskatnuss vermengen.

Backofen auf 200 °C (Gas Stufe 6) vorheizen. Den Bauchspeck kurz überbrühen und sechs sehr dünne Scheiben davon abschneiden. Den restlichen Bauchspeck sehr fein würfeln und zu der Kartoffelmischung in die Schüssel geben. Die ausgehöhlten Kartoffeln mit der Mischung füllen, mit dem geriebenen Käse bestreuen und im Backofen etwa 12–15 Minuten backen, bis der Käse goldbraun ist. Während die Kartoffeln backen, die Scheiben Räucherspeck kross grillen und vor dem Servieren auf die Ofenkartoffeln legen.

Dehnung des Hüft-Beugemuskels

Geschmorte Staudenselleriehherzen

FÜR 6 PERSONEN
1 mittelgroße Zwiebel
2 große Karotten
3 EL Olivenöl
6 Herzen vom Staudensellerie (je etwa 200 g)
1 Bund krause Petersilie, gehackt
3 Lorbeerblätter
Salz, Pfeffer
800 ml Gemüsefond (siehe Seite 122)
Saft von 1 Zitrone

Zwiebel abziehen, Karotten schälen. Die Zwiebel vierteln und quer in Scheiben schneiden. Die Karotten in drei Millimeter dicke Scheiben schneiden und beiseite stellen. In einem Schmortopf, der so groß ist, dass die Sellerieherzen nebeneinander hineinpassen, einen Esslöffel Olivenöl erhitzen. Die Zwiebel hellgelb anbraten, die Karotten zugeben und unter gelegentlichem Rühren 3–4 Minuten mitbraten. Die Sellerieherzen auf die Zwiebelscheiben und Karotten setzen und die gehackte Petersilie und die Lorbeerblätter darauf verteilen. Salzen und reichlich pfeffern.

Den Gemüsefond angießen und zum Kochen bringen. Hitze reduzieren, Topf mit einem Deckel bis auf einen Spalt schließen und die Sellerieherzen 20–25 Minuten schmoren, dabei gelegentlich wenden. Vor dem Servieren das Gemüse mit einer Schaumkelle aus dem Topf nehmen und die Schmorflüssigkeit auf die Hälfte einkochen lassen. Zitronensaft unterrühren. Die Schmorflüssigkeit über die Sellerieherzen gießen und mit dem restlichen Olivenöl beträufeln.

Wirsing mit Senf

FÜR 6 PERSONEN
1 mittelgroße Zwiebel
3 Knoblauchzehen
1 Wirsingkopf
1 EL pfeffriges Olivenöl
Salz, Pfeffer
Saft von 2 Zitronen
2 EL grobkörniger Senf

Zwiebel und Knoblauch abziehen und in dünne Scheiben schneiden. Vom Wirsing die dunkelgrünen äußeren Blätter entfernen und den Kohlkopf vierteln. Jeweils den Strunk herausschneiden und die Kohlviertel in dünne Scheiben schneiden. In einer breiten Pfanne mit schwerem Boden die Zwiebelscheiben in dem Olivenöl goldbraun braten. Knoblauch und Wirsingstreifen zugeben und bei mäßiger Hitze schmoren, dabei gelegentlich umrühren. Gut salzen und pfeffern, Topf bis auf einen Spalt mit einem Deckel schließen und weitere 12–15 Minuten schmoren, bis der Wirsing weich ist. Zitronensaft und Senf unterrühren. Heiß oder kalt servieren.

Geschmorte Romana-Salatherzen

FÜR 6 PERSONEN
6 Romana-Salatherzen
2 Schalotten
1 Karotte
1 Stange Bleichsellerie
1 EL frische Thymianblättchen
2 EL Olivenöl
Salz, Pfeffer
1 EL Vollrohrzucker, z.B. Rapadura
100 ml Portwein
250 ml Kalbsfond (siehe Seite 123) oder Hühnerfond (siehe Seite 122)

Die äußeren Blätter der Romana-Salatherzen entfernen und die Salatherzen unter fließendem kaltem Wasser waschen und trockenschütteln.

Die Schalotten abziehen, die Karotte schälen, den Bleichsellerie entfädeln. Schalotten, Karotte und Bleichsellerie in sehr feine Würfel schneiden. Thymianblättchen zugeben. In einer breiten Pfanne mit schwerem Boden etwas Olivenöl stark erhitzen. Kurz bevor das Öl anfängt zu rauchen, die Salatherzen in die Pfanne geben und von allen Seiten bräunen. Das übrige Gemüse sowie Salz, Pfeffer und Zucker zugeben und die Pfanne schwenken. Hitze auf mittlere Stufe reduzieren.

Nach 6 Minuten den Portwein angießen. Die Salatherzen 10 Minuten schmoren, dabei zweimal wenden. Fond zugießen und weitergaren, dabei die Salatherzen gelegentlich wenden, bis die Schmorflüssigkeit sirupartig eingedickt ist.

Sofort servieren als Beilage zu gegrillter Leber oder anderen Fleischgerichten. Diese Speise kann man mehrere Tage im Kühlschrank aufbewahren. Bei Bedarf braucht sie nur aufgewärmt zu werden.

Tunesischer Gemüsesalat

FÜR 6 PERSONEN
6 Eiertomaten
Saft von 2 Zitronen
1 Prise Safran
2 TL Kreuzkümmelsamen
½ TL Harissa
2 Knoblauchzehen, abgezogen und gehackt
2 EL Olivenöl
12 junge Zwiebeln der neuen Ernte
3 grüne Paprikaschoten
3 rote Paprikaschoten
1 große Zucchini
2 Auberginen
Salz, Pfeffer
1 Bund Koriandergrün

Tomaten in kochendem Wasser blanchieren, in Eiswasser abschrecken, häuten, halbieren und grob hacken. Tomaten in einer heißen beschichteten Pfanne bei großer Hitze 2 Minuten garen, bis sie zerfallen. Zitronensaft, Safran, Kreuzkümmelsamen, Harissa und gehackten Knoblauch unterrühren. Pfanne vom Herd ziehen und das Olivenöl einrühren.

Die Zwiebeln abziehen und halbieren. In einer gusseisernen Grillpfanne grillen. Die Zwiebeln sollen noch leicht knackig sein. Die Paprikaschoten unter dem Grill von allen Seiten rösten, bis die Haut schwarze Blasen wirft. Paprikaschoten mit Klarsichtfolie bedecken und abkühlen lassen. Die schwarze Haut abziehen, halbieren, Samen und Scheidewände entfernen und Paprika in breite Streifen schneiden.

Zucchini und Auberginen in sechs Millimeter dicke Scheiben schneiden und auf beiden Seiten grillen. Abkühlen lassen. Das erkaltete gegrillte Gemüse salzen und pfeffern und auf Portionstellern anrichten. Die Tomatensauce zwischen die Gemüsestücke träufeln. Mit frischen Korianderblättchen garnieren.

Knollenselleriesalat mit Sultaninen und Harissa

FÜR 4 PERSONEN
400 g Knollensellerie
2 EL helle Sultaninen
1 Knoblauchzehe
100 ml Gemüsefond (siehe Seite 122)
Salz
2 TL Tomatenmark
Harissa nach Geschmack
Saft von 2 Limetten
2 EL kräftiges Olivenöl
1 Bund Koriandergrün, gehackt
1 Bund frische Minze, gehackt

Knollensellerie schälen und in feine Julienne-Streifen schneiden oder fein raspeln. Die Sultaninen mit kaltem Wasser in einen Topf geben, aufkochen lassen, 30 Sekunden kochen und abgießen. Knoblauch abziehen und zerdrücken und in einen Mixer oder Mörser geben. Nach und nach Gemüsefond, Salz, Tomatenmark, Harissa, Limettensaft und Olivenöl zugeben und pürieren oder zu einer glatten Sauce vermischen.

Die Sauce über den Sellerie und die Sultaninen geben, alles gut vermischen und den Salat mindestens 2–3 Stunden im Kühlschrank durchziehen lassen. Kurz vor dem Servieren gehackten Koriander und Minze unterheben.

Zuckererbsen mit Knoblauch und Shiitake-Pilzen

FÜR 4 PERSONEN
160 g Zuckererbsen, geputzt
4 Knoblauchzehen
160 g Shiitake-Pilze
2 EL Olivenöl
Salz, Pfeffer
1 TL Sesamöl
Saft von ½ Limette

Zuckererbsen in kochendem Salzwasser kurz blanchieren, so dass sie noch halb roh und sehr knackig sind. In Eiswasser abschrecken und gut abtropfen lassen. Knoblauch abziehen und in dünne Scheiben schneiden, dabei, wenn nötig, den grünen Trieb entfernen. Shiitake-Pilze in Scheiben schneiden, so dick wie eine Zuckererbsenschote. In einer beschichteten Bratpfanne in der Hälfte des Olivenöls die Pilze bei großer Hitze anbraten und dabei etwas Farbe annehmen lassen, aber nicht gar braten. Zuckererbsen und Knoblauch zugeben, salzen und pfeffern und unter Rühren braten. Pilze und Zuckererbsen insgesamt nicht länger als 3 Minuten braten. Salat mit dem restlichen Öl und Limettensaft beträufeln und sofort servieren.

Hühnerleber mit Spinatsalat

FÜR 4 PERSONEN
240 g Hühnerleber
Je 1 rote, grüne und gelbe Paprikaschote
3 EL Olivenöl
Salz, Pfeffer
12 grüne kernlose Weintrauben
2 TL Weißweinessig
260 g zarte junge Spinatblätter, gewaschen
2 Frühlingszwiebeln, in Ringe geschnitten

Nur frische Hühnerleber kaufen – gefrorene Hühnerleber zerfällt oft beim Garen. Hühnerlebern gut abtropfen lassen, mit Küchenpapier trockentupfen und Nervenstränge sowie alle grünlich-gelben Teile entfernen – ein Zeichen, dass sie mit der Galle in Kontakt gekommen sind und womöglich bitter schmecken.

Paprikaschoten mit dem Sparschäler schälen, halbieren, Samen und Scheidewände entfernen. Flach auf ein Brett legen und in feine Julienne-Streifen schneiden. Eine beschichtete Bratpfanne mit Olivenöl auspinseln und erhitzen. Die Paprikastreifen salzen und pfeffern und unter Rühren weich braten. Beiseite stellen und warm halten. Die Weintrauben durch ein feines Sieb streichen, den Saft mit einem Teelöffel Weißweinessig verrühren und beiseite stellen.

Hühnerlebern salzen und pfeffern und in einer beschichteten Bratpfanne in ganz wenig Olivenöl unter ständigem Wenden braten. Wenn die Hühnerlebern goldbraun, aber innen noch rosa sind, aus der Pfanne nehmen. Bratfett aus der Pfanne gießen und wegschütten. Den Traubensaft in die Pfanne geben, aufkochen lassen und 1 Minute kochen. Pfanne von der Kochstelle nehmen. Das restliche Olivenöl und den restlichen Weißweinessig in den Traubensaft rühren. Spinatblätter salzen und pfeffern und in der Traubensaft-Vinaigrette schwenken. Spinat mit den warmen Paprikastreifen und der Frühlingszwiebel belegen und ganz zum Schluss die Hühnerlebern dazugeben. Sofort servieren.

Chicoréesalat mit pochierten Eiern, roten Zwiebeln und Speck

Rote Zwiebeln sind eine wunderbare Bereicherung für so manches Gericht. Haben Sie übrigens gewusst, dass, wenn Sie drei bis acht Minuten lang eine rohe Zwiebel kauen, Ihre Mundhöhle anschließend vollkommen keimfrei ist? Außerdem wird man Sie am Start ohne weiteres in die vorderste Reihe durchlassen, das ist keine Frage!

FÜR 6 PERSONEN
18 Walnüsse, geschält
1 EL Wasser
4 EL Balsamico-Essig
6 EL Olivenöl
Salz, Pfeffer
6 Eier
12 sehr dünne Scheiben luftgetrockneter Speck oder Pancetta
4 Stauden Chicorée
2 rote Zwiebeln

Walnüsse mit dem Wasser, Essig, Olivenöl, Salz und Pfeffer im Mixer zu einer Salatsauce pürieren, dabei die Nüsse ziemlich grob belassen. Walnuss-Vinaigrette beiseite stellen.

Die Eier in Tassen schlagen und einzeln in ungesalzenes siedendes Wasser, dem ein kräftiger Schuss Essig beigemischt ist, gleiten lassen. Werden weiche Eier gewünscht, nicht länger als 3 Minuten pochieren. Mit einer Schaumkelle aus dem Wasser nehmen und vorsichtig in Eiswasser legen, damit der Garprozess zum Stillstand kommt. Abtropfen lassen und die Eiweißränder mit einer Schere zuschneiden. Vorsichtig trockentupfen und jeweils ein Ei mit zwei Scheiben Speck umwickeln.

Chicorée am unteren Ende abschneiden und in Blätter teilen. Auf Portionstellern anrichten, dabei die kleineren Blätter kreisförmig auf dem Teller verteilen. Die restlichen Blätter quer in Streifen schneiden und in die Mitte setzen. Zwiebeln abziehen, in feine Ringe schneiden und mit dem Chicorée anrichten. Salat mit der Walnuss-Vinaigrette beträufeln. Die Eier wieder erwärmen, dazu Eier in eine leicht gefettete Form legen und 4–5 Minuten in den vorgeheizten Ofen schieben (200 °C, Gas Stufe 6). Jeweils ein Ei in die Tellermitte auf den Chicoréesalat setzen und servieren.

Chicorée-Löwenzahn-Salat mit Jakobsmuscheln

Beide Salatsorten schmecken bitter, aber das süße Dressing und die Jakobsmuscheln setzen dazu einen reizvollen Kontrast. Löwenzahn wächst wild fast überall in Europa, am besten schmeckt er jedoch im Frühjahr. Pflücken Sie nur die jungen zarten Blätter, die noch nicht so viele Bitterstoffe enthalten. Löwenzahn ist reich an Eisen und Kalium und wirkt harntreibend, wie man leicht aus seinem französischen Namen »pissenlit«, wörtlich »Mach ins Bett«, entnehmen kann.

FÜR 6 PERSONEN
6 Hand voll junge zarte Löwenzahnblätter
2 Stauden roter Chicorée
2 Stauden weißer Chicorée
2 Schalotten
1 säuerlicher Apfel, z.B. Granny Smith
Zitronensaft
12 Radieschen
18 Jakobsmuscheln
Salz, Pfeffer, Olivenöl
2 EL Honig
2 EL Sherry-Essig
60 ml Kalbsfond (siehe Seite 123) oder Hühner- oder Gemüsefond (siehe Seite 122)
2 EL Haselnussöl

Löwenzahnblätter verlesen und gut waschen. Chicorée in Blätter teilen. Schalotten abziehen und fein hacken. Apfel in streichholzlange Stifte schneiden und mit etwas Zitronensaft und Wasser beträufeln. Radieschen in Scheiben schneiden. Jakobsmuscheln putzen, mit einem Geschirrtuch trockentupfen und salzen und pfeffern.

Eine beschichtete Bratpfanne mit Olivenöl auspinseln und stark erhitzen. Wenn das Öl zu rauchen anfängt, die Jakobsmuscheln auf jeder Seite etwa 60–90 Sekunden braten, so dass sie außen goldbraun, innen aber noch rosa sind. Die genaue Zeit hängt von der Dicke der Jakobsmuscheln und dem Hitzegrad ab. Jakobsmuscheln aus der Pfanne nehmen und warm stellen.

Schalotten in die Pfanne geben und bei großer Hitze unter ständigem Rühren 30 Sekunden braten, bis sie anfangen zu bräunen. Honig einrühren und weitere 30 Sekunden braten. Mit dem Essig ablöschen, Fond angießen, kurz aufkochen lassen. Pfanne vom Herd ziehen, das Haselnussöl einrühren und die Sauce abschmecken. Einen Teil der Sauce zum Servieren beiseite stellen. Chicorée in der restlichen Sauce schwenken. Zum Anrichten auf jeden Portionsteller etwas Chicoréesalat setzen und darauf Jakobsmuscheln und Löwenzahnblätter legen. Mit Apfelstiften und Radieschenscheiben garnieren und mit der restlichen Sauce beträufeln.

Warmer Lauch-Kartoffel-Tomaten-Salat mit Karottensaftdressing

FÜR 4 PERSONEN
3–4 Karotten (für 100 ml Karottensaft), dazu 1 Karotte, in Julienne-Streifen geschnitten (zum Garnieren)
4–6 fest kochende Kartoffeln, z.B. Charlotte
Salz, Pfeffer
3 EL Olivenöl
Saft von 1 Zitrone
1 große Stange Lauch
2 Fleischtomaten

Wenn möglich, die Karotten in einem elektrischen Entsafter entsaften und den Saft kühl stellen. Wenn kein Entsafter zur Verfügung steht, die Karotten schälen, fein raspeln, salzen und pfeffern und mit ein paar Spritzern Zitronensaft vermischen. Zugedeckt 4 Stunden in den Kühlschrank stellen und durch ein feines Sieb drücken. Sie können als Alternative Karottensaft im Supermarkt oder Reformhaus kaufen.

Kartoffeln waschen und in der Schale in Salzwasser gar kochen. Abgießen, etwas auskühlen lassen, pellen und in Scheiben schneiden. Mit Salz, Pfeffer, etwas Olivenöl und Zitronensaft vermengen und zugedeckt warm stellen. Lauch längs halbieren, dann quer in dünne Streifen schneiden. Lauchstreifen gut waschen und in kochendem Salzwasser fast gar kochen. In Eiswasser abschrecken und gut abtropfen lassen.

Stielansatz der Tomaten entfernen und quer in sechs Millimeter dicke Scheiben schneiden. Eine beschichtete Pfanne stark erhitzen und die Tomatenscheiben auf jeder Seite 10 Sekunden garen. Metallringe oder Speisenformer (sechs bis acht Zentimeter Durchmesser) verwenden und damit jede Salatportion in eine hübsche runde Form bringen. Die Salatzutaten in Schichten in den Ring drücken: zuerst Lauchstreifen, darauf die noch warmen Kartoffelscheiben, etwas Salz und Pfeffer, darauf Tomatenscheiben und mit Lauchstreifen abschließen. Ring entfernen.

Für das Dressing den Karottensaft mit dem restlichen Olivenöl, Zitronensaft, Salz und Pfeffer zu einer Salatsauce verrühren. Jedes Salattürmchen mit dem Karottensaftdressing beträufeln, mit in Julienne-Streifen geschnittenen Karotten garnieren und warm servieren.

Orientalischer Sommersalat

FÜR 4 PERSONEN
Je 1 EL flüssiger Honig, helle Sojasauce, Sesamöl
1 EL grobe Erdnussbutter
Saft von 1 Limette
1 Grapefruit
4 Frühlingszwiebeln
12 Radieschen
¼ Wirsingkopf
1 Karotte
160 g Sojabohnensprossen
1 Kopfsalat
Salz, Pfeffer

Mit dem Rücken einer Gabel Honig und Erdnussbutter vermengen und nach und nach Limettensaft, Sojasauce und Sesamöl unterrühren. Die Salatsauce abschmecken und beiseite stellen.

Grapefruit schälen, dabei die weiße Haut mitentfernen und Grapefruitfilets aus den Trennhäuten herausschneiden. Die Frühlingszwiebeln in Ringe, die Radieschen in Scheiben schneiden. Den Wirsing quer in feine Streifen schneiden und in kochendem Salzwasser 10 Sekunden blanchieren. Abschrecken, abgießen und gut abtropfen lassen. Die Wirsingstreifen mit einem Küchentuch trockentupfen. Karotte schälen und in lange, sehr feine Julienne-Streifen schneiden. 1 Stunde in Eiswasser legen, damit sie sich ringeln. Abtropfen lassen.

Unmittelbar vor dem Servieren Frühlingszwiebeln, Radieschen, Wirsing und Sojabohnensprossen mit der Salatsauce vermischen und auf Kopfsalatblättern anrichten. Mit den Grapefruitfilets und Karottenstreifen garnieren.

7

Desserts

Bananen-Orangen-Kompott mit Vanille

FÜR 4 PERSONEN
6 Orangen, davon 2 unbehandelt
100 ml Wasser
75 g feiner Zucker
2 Vanilleschoten
120 g Vollrohrzucker, z.B. Rapadura
30 ml brauner Rum
4 Bananen

Die zwei unbehandelten Orangen dünn schälen und die Schalen in feine Julienne-Streifen schneiden. Die geschälten Orangen auspressen und den Saft beiseite stellen. Die Orangenschalenstreifen mit kaltem Wasser bedecken, zum Kochen bringen und abgießen. Diesen Vorgang dreimal wiederholen. Aus dem Wasser und dem Zucker einen Sirup kochen und die Orangenschalenstreifen damit bedecken. Zum Kochen bringen und 30 Minuten leicht kochen, bis die Schalenstreifen weich sind. Beiseite stellen. Die restlichen Orangen mit einem scharfen Messer schälen, dabei das Weiße völlig entfernen und die Orangenfilets aus den Trennhäuten schneiden. Die übrige Frucht ganz auspressen und den Saft mit dem vorher beiseite gestellten Orangensaft in einen Topf geben. Vanilleschoten der Länge nach aufschlitzen und mit dem Rum und der Hälfte des Zuckers zu dem Orangensaft geben. Zum Kochen bringen und um ein Drittel einkochen lassen.

Die Bananen schälen, in Scheiben schneiden und zu dem Orangensaft geben. Bei geringer Hitze kochen, dabei mit einem Holzlöffel rühren, bis die Bananen etwas weich sind. Das Bananenkompott auf Dessertschalen verteilen und darauf die Orangenfilets legen. Mit dem restlichen Zucker bestreuen und die Zuckerschicht unter dem heißen Grill bräunen. Mit den Orangenschalenstreifen garnieren.

Kokoskräcker mit pochierten Kirschen und Zitronen-Sabayon

FÜR 6 PERSONEN
120 g Haferflocken
120 g Kokosraspeln
1 EL gemahlener Ingwer
100 g Butter
2 EL Glukosesirup
90 g Vollrohrzucker

Haferflocken, Kokosraspeln und Ingwerpulver vermischen. Butter, Glukosesirup und Zucker in einen Topf geben und bei geringer Hitze schmelzen lassen. Etwas abkühlen lassen und mit der Haferflocken-Kokosflocken-Mischung zügig vermengen. Die Masse in eine leicht gefettete eckige Back- bzw. Auflaufform etwa zwei Zentimeter hoch einfüllen. Bei 160 °C (Gas Stufe 2–3) 16 Minuten im Backofen backen. In der Form auskühlen lassen und in Quadrate von etwa 4 mal 4 Zentimeter schneiden.

Für die pochierten Kirschen:

600 g große schwarze Süßkirschen
150 ml Johannisbeerlikör

Kirschen waschen, entstielen und entsteinen. Mit dem Johannisbeerlikör bei großer Hitze zum Kochen bringen. Nach dem Aufkochen Hitze reduzieren und die Kirschen bei geschlossenem Deckel 3 Minuten garen, dabei den Topf immer wieder rütteln. Vom Herd ziehen und vor dem Servieren zugedeckt 5 Minuten abkühlen lassen.

Für das Zitronen-Sabayon:

1 EL Glukosesirup
1 EL Wasser
Saft und dünn abgeriebene Schale von 2 unbehandelten Zitronen
12 Eigelbe

Das Sabayon erst unmittelbar vor dem Servieren zubereiten. Sirup bei geringer Hitze mit dem Wasser, den Zitronensaft und der Zitronenschale erhitzen. In eine Schüssel geben und lauwarm abkühlen lassen. Eigelbe zugeben und mit dem Schneebesen schaumig schlagen. Schüssel auf ein Wasserbad setzen und die Mischung ohne Unterbrechung weiterschlagen. Das Sabayon ist fertig, wenn es lange Schaumspitzen bildet, aber noch luftig und locker ist. Achtung: Nicht zu lange schlagen, sonst bekommt man Rührei! In tiefe Portionsteller füllen. Ein paar warme Kirschen mit etwas Sabayon auf einen Kokoskräcker geben und damit das Sabayon garnieren.

Warmer Schokoladenkuchen mit Trockenobstsalat

FÜR 8 PERSONEN
150 g Edelbitterschokolade (70% Kakaoanteil)
6 Eier
100 ml heller, dünnflüssiger Honig, z.B. Klee- oder Orangenblütenhonig
100 ml Sahne
125 g fein gemahlene Haselnusskerne
40 g Mehl

Backofen auf 130 °C (Gas Stufe 1) vorheizen. Schokolade zerbröckeln und im Wasserbad schmelzen. Eier trennen. Eigelbe und Honig mit dem Schneebesen verschlagen, bis sich das Volumen verdoppelt hat. Geschmolzene Schokolade, Sahne und Haselnüsse unterrühren. Das Mehl unterheben. Eiweiße zu Eischnee schlagen und unter den Teig heben. Eine kleine Springform einfetten, den Teig hineinfüllen. 45 Minuten backen. Kuchen 5 Minuten auskühlen lassen, dann aus der Form lösen.

Für den Trockenobstsalat:

Der Trockenobstsalat kann gut ein paar Tage im Voraus zubereitet werden. Nur sollten Sie ihn dann hin und wieder umrühren, damit alle Trockenfrüchte von der Marinade bedeckt sind und nicht austrocknen.

2 unbehandelte Orangen
5 Zitronen, davon 2 unbehandelt
200 g Vollrohrzucker
16 getrocknete Aprikosen
4 getrocknete Feigen
200 g getrocknete Preiselbeeren
100 g helle Sultaninen
8 Stück Sternanis
2 Stück Zimtrinde

Die Orangen und die beiden unbehandelten Zitronen dünn schälen und die Schale in feine Julienne-Streifen schneiden. Schalenstreifen in kochendem Wasser blanchieren und abtropfen lassen. Diesen Vorgang zweimal wiederholen. Die Schalenstreifen mit 100 Gramm Zucker in einen Topf geben, mit Wasser bedecken und aufkochen lassen. Hitze reduzieren, 25 Minuten leicht kochen, bis die Schalenstreifen weich sind. Beiseite stellen. Alle Zitronen und Orangen auspressen und den Saft mit dem restlichen Zucker verrühren. Aufkochen lassen. Alle Trockenfrüchte und Gewürze in einer Schüssel mischen. Mit dem Orangen-Zitronen-Saft und den Schalenstreifen einschließlich Sirup vermischen. Zugedeckt erkalten lassen.

Tortilla mit Äpfeln und Backpflaumen und Karamellsauce

FÜR 4 PERSONEN
6 Äpfel der Sorte Cox Orange
2 EL Akazienblütenhonig
8 Backpflaumen, entsteint
4 Tortilla-Teigblätter
Pflanzenöl

Backofen auf 220 °C (Gas Stufe 7) vorheizen. Die Äpfel schälen und das Kernhaus ausstechen, das Fruchtfleisch halbieren und in dünne Scheiben schneiden. In dem Honig schwenken und auf ein Backblech legen. 10 Minuten backen, aus dem Ofen nehmen und abkühlen lassen. Die Backpflaumen halbieren und mit den abgekühlten Äpfeln vermischen. Die Apfel-Backpflaumen-Mischung in vier Teile teilen und jeweils eine Portion in ein Tortilla-Teigblatt wickeln. Die Ränder mit etwas Wasser anfeuchten und gut zusammendrücken. Mit Pflanzenöl bestreichen und im Backofen bei 220 °C (Gas Stufe 7) in 7–8 Minuten knusprig backen. Mit der Karamellsauce (siehe unten) servieren.

Für die Karamellsauce:

1 EL Butter
1 EL unraffinierter, extrafeiner Zucker
120 ml Sahne
2 EL Wasser

Butter mit dem Zucker in einen kleinen Topf geben und bei großer Hitze unter ständigem Rühren mit einem Holzlöffel dunkelbraun karamellisieren lassen. Auf kleiner Flamme die Sahne und das Wasser einrühren. Noch einmal aufkochen lassen, damit sich eventuelle Klümpchen wieder auflösen.

Zitrus-Consommé mit Himbeeren und Lavendel-Crisps

FÜR 6 PERSONEN
200 g Zucker
100 ml Wasser
2 Stängel Zitronengras
1 rosa Grapefruit
1 Orange
1 Limette

Zucker mit dem Wasser verrühren und unter Rühren schmelzen und aufkochen lassen, dabei darauf achten, dass der Zucker nicht anbrennt. Diesen Zuckersirup zum Abkühlen beiseite stellen. Das Zitronengras grob hacken. Die Zitrusfrüchte schälen, dabei die weiße Haut vollständig entfernen und die Früchte in dicke Scheiben schneiden. Mögliche Kerne entfernen. Alle Zutaten mit dem Zuckersirup im Mixer glatt pürieren und durch ein mit einem Mulltuch ausgelegtes Sieb abseihen. Die Flüssigkeit in einer Schüssel auffangen. Die Schüssel etwa 6 Stunden in den Kühlschrank stellen, bis sich die klare Flüssigkeit oben abgesetzt hat und gut durchgekühlt ist.

Für die Himbeeren und die Lavendel-Crisps:

3 EL Honig
1 EL Pflanzenöl
6 Tortilla-Teigblätter
2 EL Lavendelblüten
500 g Himbeeren

Einen Esslöffel Honig mit dem Pflanzenöl verrühren und die Teigblätter damit auf einer Seite bestreichen. Auf ein mit Backpapier ausgelegtes Backblech legen und mit Lavendelblüten bestreuen. Im vorgeheizten Ofen bei 180 °C (Gas Stufe 4) 9–10 Minuten backen, bis die Teigblätter knusprig sind. Nicht zu braun werden lassen, da sie sonst bitter schmecken. Die Teigblätter aus dem Ofen nehmen und auf einer kühlen ebenen Fläche auskühlen lassen. In kleine Stücke brechen.

Die Himbeeren auf tiefe Teller verteilen, mit dem restlichen Honig beträufeln und die kalte Zitrus-Consommé darüber schöpfen. Mit den restlichen Lavendelblüten und den Lavendel-Crisps garnieren.

Rotweinpflaumen mit Gewürzbrot-Croutons

FÜR 4 PERSONEN
800 g Pflaumen
500 ml vollmundiger Rotwein
130 g Vollrohrzucker
4 Stück Zimtrinde
2 Gewürznelken
5 Stück Sternanis

Die Pflaumen waschen. Den Rotwein mit dem Zucker und den Gewürzen zum Kochen bringen. Die Pflaumen zugeben und bei geringer Hitze garen, bis die Haut anfängt aufzuplatzen und die Früchte weich sind. Während des Garens den Topf gelegentlich schwenken, damit alle Früchte vom Rotwein bedeckt sind. Vor dem Servieren etwas abkühlen lassen. Dieser Arbeitsgang kann im Voraus erledigt werden. Vor dem Servieren die Früchte dann nur noch in dem Rotwein aufwärmen.

Das Gewürzbrot (siehe unten) in kleine Würfel schneiden. Pro Person fünf Würfel rechnen. Die Brotwürfel auf ein mit Backpapier ausgelegtes Backblech legen und unter dem heißen Grill von allen Seiten rösten. Die Pflaumen mit dem Rotwein in tiefe Portionsteller füllen und mit den Gewürzbrot-Croutons bestreuen.

Für das Gewürzbrot:

240 g heller, dünnflüssiger Honig, z.B. Orangenblüten- oder Lavendelhonig
3 Eier
1 EL Vollrohrzucker
100 ml Milch
200 g dunkles Roggenmehl
50 g Weizenmehl, Type 1050
2 TL Backpulver
Je 1 TL gemahlener Ingwer, gemahlener Zimt, gemahlene Muskatnuss
Mark von 1 Vanilleschote
Dünn abgeriebene Schale von ½ unbehandelten Orange und ½ unbehandelten Zitrone

Backofen auf 170 °C (Gas Stufe 3) vorheizen. Den Honig erwärmen und beiseite stellen. Die Eier mit dem Zucker schaumig schlagen. Unter ständigem Rühren nach und nach Honig und Milch zugeben. Die beiden Mehlsorten mit dem Backpulver sieben und unter die Eimischung heben. Zum Schluss die Gewürze, Vanillemark und Orangen- und Zitronenschale unterrühren. Eine Kastenform gut mit Butter einfetten und mit Backpapier auslegen. Teig hineinfüllen und 60–70 Minuten im Backofen backen. 15 Minuten auskühlen lassen, dann aus der Form nehmen.

Gebackene Früchte mit Schokoladen-Sorbet

FÜR 4 PERSONEN
4 nicht ganz reife Bananen
1 Mango
1 kleine Ananas
4 frische blaue Feigen
60 g frische Ingwerwurzel
100 g Vollrohrzucker
4 Stück Zimtrinde
1 Bund Basilikum

Bananen, Mango und Ananas schälen und in mundgerechte Stücke schneiden. Die Feigen vierteln. Ingwerwurzel schälen und in hauchdünne Scheiben schneiden. Die Ingwerscheiben insgesamt dreimal blanchieren und kalt abbrausen. Den blanchierten Ingwer in einen Topf geben, mit Wasser bedecken und den Zucker zugeben. Zum Kochen bringen und etwa 20 Minuten leicht kochen, bis der Ingwer weich ist.

Backofen auf 200 °C (Gas Stufe 6) vorheizen. Aus Aluminiumfolie vier Rechtecke in der Größe 30 mal 25 Zentimeter schneiden. Jeweils in die Mitte der unteren Hälfte eines Rechtecks eine Portion der gemischten Fruchtstücke geben. Mit einem Stück Zimtrinde, Basilikumblättern und den gekochten Ingwerscheiben belegen und mit etwas Ingwersud beträufeln. Folie zu einem losen Päckchen zusammenfassen, dabei die Ränder mehrmals falten, damit das Päckchen dicht schließt. Darauf achten, dass die Früchte nicht zerquetscht werden. Die Folienpäckchen auf ein Backblech setzen und 15 Minuten backen – die Päckchen sollen sich beim Garen wie Ballons aufblähen. Auf Teller legen und erst bei Tisch öffnen. Schokoladen-Sorbet (siehe unten) separat dazu reichen.

Für das Schokoladen-Sorbet:

200 ml Milch
200 ml Wasser
20 g Kakaopulver
100 g Zucker
50 g Glukosesirup
160 g dunkle Edelbitterschokolade, gehackt

Milch, Wasser, Kakaopulver, Zucker und Glukosesirup in einen Topf geben und unter ständigem Rühren bei großer Hitze zum Kochen bringen. Die Schokolade zugeben. Erneut zum Kochen bringen, dabei die ganze Zeit kräftig rühren. Durch ein feines Sieb streichen und abkühlen lassen. Zum Gefrieren in die Eismaschine füllen.

Gewürzfrüchte mit Ananas-Crisps

Eine wärmende Nachspeise für kalte Herbsttage. Was die Gewürze betrifft, so lassen Sie sich am besten von Ihrem Geschmack leiten und probieren Sie aus, welche Mischung und Dosierung Ihnen am meisten zusagt.

FÜR 6 PERSONEN
1 Ananas
1 große Mango, noch nicht ganz reif
2 Birnen der Sorte Williams Christ
6 blaue Pflaumen
6 getrocknete Aprikosen, 20 Minuten in Wasser eingeweicht
1 TL Koriandersamen
1 TL Senfkörner
1 TL getrocknete grüne Pfefferkörner
3 EL Vollrohrzucker
Saft von 3 Limetten

Ananas, Mango und Birnen schälen und in mundgerechte Stücke schneiden. Pflaumen und Aprikosen ebenfalls in mundgerechte Stücke schneiden. Koriandersamen und Senfkörner im Mörser zerstoßen. Eine beschichtete Pfanne mit breitem Boden erhitzen und die Koriandersamen, Senfkörner und Pfefferkörner 10 Sekunden rösten, damit sich ihr Aroma aufschließt. Die härteren Früchte, also Birne und Ananas, zugeben und 30 Sekunden unter ständigem Rühren braten. Den Zucker einstreuen und nacheinander die restlichen weicheren Früchte zugeben, dabei auf hoher Stufe ständig rühren. Zum Schluss die Pflaumen und den Limettensaft zugeben. Das Gericht ist fertig, wenn die Früchte gar, aber noch fest sind und sich in der Pfanne eine sirupartige Sauce gebildet hat. Mit Ananas-Crisps (siehe unten) garnieren und heiß servieren.

Für die Ananas-Crisps:

1 Ananas
Puderzucker zum Bestreuen

Backofen auf 130 °C (Gas Stufe 1) vorheizen. Die Ananas schälen und quer in möglichst dünne Scheiben schneiden. Die Scheiben nebeneinander auf ein mit Backpapier ausgelegtes Backblech legen. Mit Puderzucker bestreuen und etwa 20 Minuten im Backofen trocknen. Die Crisps vom Backblech nehmen und zum Auskühlen auf eine kühle ebene Fläche legen. Nach dem Erkalten die Crisps in einem luftdicht verschließbaren Gefäß aufbewahren, damit sie schön knusprig bleiben.

Zitronen-Pfannkuchen-Torte

Für die Pfannkuchen:

2 Eier
125 g Mehl
80 g Weizenvollkornmehl
500 ml Milch
1 Prise Salz
Abgeriebene Schale von 2 unbehandelten Zitronen
Pflanzenöl

Eier und Mehl mit dem Schneebesen verschlagen. Nach und nach die Milch zugeben, dabei ständig schlagen, damit sich keine Klümpchen bilden. Zum Schluss Salz und Zitronenschale unterrühren und den Teig 1 Stunde quellen lassen. Eine beschichtete Pfanne mit Öl auspinseln und aus dem Teig etwa 16 Pfannkuchen backen. Die Pfannkuchen sollten sehr dünn und gut durchgebacken, fast trocken sein.

Für die Zitronenbutter:

3 Eier
160 g Zucker
Saft und Schale von 3 unbehandelten Zitronen
75 g Butter, in kleine Würfel geschnitten

In einem Topf Eier, Zucker, Zitronensaft und -schale mit dem Schneebesen verschlagen. Die Mischung bei mittlerer Hitze so lange schlagen, bis sie dicklich wird. Auf keinen Fall kochen. Die Mischung durch ein feines Sieb streichen, dann nach und nach die Butter unter die Mischung rühren. Zugedeckt abkühlen lassen.

Zum Fertigstellen der Torte:

Backofen auf 200 °C (Gas Stufe 6) vorheizen. Eine beschichtete Springform in der Größe der Pfannkuchen verwenden und den Boden mit Backpapier auslegen. Einen Pfannkuchen in die Form legen und mit einer dünnen Schicht Zitronenbutter bestreichen. Abwechselnd Pfannkuchen und Zitronenbutter einschichten, bis alle Zutaten aufgebraucht sind. Die Form mit Pergamentpapier abdecken und 20 Minuten backen. In der Form auskühlen lassen. Vor dem Servieren in Stücke schneiden und mit frischen Beeren servieren.

Rotweinpfirsiche mit Haselnusshippen

FÜR 4 PERSONEN
2 Vanilleschoten
2 EL heller, dünnflüssiger Honig
80 g dunkler Vollrohrzucker
300 ml kräftiger Rotwein
7 gelbe Pfirsiche

Die Vanilleschoten der Länge nach aufschlitzen und das Mark herauskratzen. Den Honig erwärmen und mit dem Vanillemark verrühren. Die ausgekratzten Schoten mit dem Zucker und dem Rotwein in einen Topf geben, zum Kochen bringen und auf die Hälfte einkochen lassen.

Die Pfirsiche 10–15 Sekunden in kochendem Wasser blanchieren und in Eiswasser abschrecken. Häuten und jeweils in sechs Spalten schneiden. 36 der schönsten Spalten in eine feuerfeste Form legen und mit dem Vanillehonig beträufeln. Bei 180 °C (Gas Stufe 4) 10–12 Minuten im Backofen backen, dabei gelegentlich mit dem sich bildenden Saft bestreichen. Die Pfirsiche sollten noch leicht fest sein.

Die restlichen Pfirsichspalten in den Rotwein geben. Erneut zum Kochen bringen und nach 5 Minuten die Früchte mit dem Rücken einer Gabel zerdrücken. Die Vanilleschoten entfernen und die Mischung mit dem Schneidstab glatt pürieren, dabei den Saft, der sich beim Backen der Pfirsiche gebildet hat, zugeben.

Die Pfirsichspalten zwischen Haselnusshippen (siehe unten) auf Portionstellern anrichten und rundherum Rotweinsauce träufeln.

Für die Haselnusshippen:

200 g gemahlene Haselnüsse
150 g Zucker
25 g Mehl
140 g Eiweiß (von 4–5 Eiern)
2 TL Haselnussöl

Gemahlene Haselnüsse, Zucker und Mehl in einer Schüssel vermischen. Die Eiweiße nur leicht verschlagen, mit dem Öl zu der Haselnussmischung geben und alles gut vermengen. Den Teig mindestens 30 Minuten ruhen lassen.

Backofen auf 190 °C (Gas Stufe 5) vorheizen. Ein Backblech mit Backpapier auslegen. Jeweils einen Esslöffel Teig auf das Blech setzen und mit dem Löffelrücken zu einem Kreis von etwa fünf Zentimeter Durchmesser verstreichen. 10 Minuten backen, bis die Hippen goldbraun und knusprig sind.

Pochierte Birnen mit Schokoladen-Mandel-Sauce

FÜR 4 PERSONEN
350 g Zucker
1 Vanilleschote, längs aufgeschlitzt und das Mark herausgekratzt
500 ml Wasser
4 Birnen, vorzugsweise der Sorte Williams Christ

Zucker, Vanillemark, Vanilleschote und Wasser in einem Topf zum Kochen bringen. Die Birnen schälen, vom Blütenansatz aus das Kernhaus entfernen und die ganzen Früchte in den leicht siedenden Zuckersirup legen. Mit Pergamentpapier abdecken. Die Garzeit hängt vom Reifegrad der Birnen ab. Sie sind fertig, wenn man leicht mit einem Messer in das Fruchtfleisch hineinstechen kann. Die Birnen im Sirup etwas abkühlen lassen.

Für die Schokoladen-Mandel-Sauce:

250 ml Wasser
60 g ungesüßtes Kakaopulver
120 g Zucker
30 g Butter
40 g Edelbitterschokolade, in Stücke gebrochen
60 g Mandelkerne, blanchiert und gehäutet, geröstet und gehackt

Das Wasser mit dem Kakaopulver und dem Zucker unter kräftigem Rühren zum Kochen bringen. Den Topf vom Herd ziehen und die Butter sowie die Schokolade darunter rühren. Die Mischung etwas abkühlen lassen, dann die Mandeln zugeben. Warm mit den Gewürzbrot-Crisps (siehe unten) servieren.

Für die Gewürzbrot-Crisps:

Von einem Gewürzbrot (siehe Seite 172) die Rinde entfernen. Das Brot in möglichst dünne Scheiben schneiden. Die Scheiben nebeneinander auf ein Backblech legen, mit etwas Puderzucker bestäuben und im Backofen bei 130 °C (Gas Stufe 1) in etwa 30 Minuten knusprig backen.

Zum Servieren:

Jeweils eine Birne in eine Dessertschale legen, mit etwas Schokoladen-Mandel-Sauce bedecken und mit Gewürzbrot-Crisps garnieren.

Bananensoufflé mit Knusperschicht

FÜR 8 PERSONEN
3 Bananen
1 EL Vollrohrzucker
Saft von 1 Zitrone
6 EL Wasser
1 EL Maisstärke
2 EL brauner Rum

Bananen schälen und mit dem Zucker, Zitronensaft und Wasser 5 Minuten kochen. Bananen mit einer Gabel zerdrücken, mit der Kochflüssigkeit in einen Mixer geben und glatt pürieren. Maisstärke in dem Rum auflösen. Das Bananenpüree zurück in den Topf geben und bei großer Hitze mit der aufgelösten Maisstärke verrühren. Aufkochen lassen. Den Topf mit einem Deckel schließen und vom Herd ziehen.

Für das Bananenkompott:

4 Bananen
Saft von 1 Zitrone
20 g Demerara-Zucker
1 EL brauner Rum

Bananen schälen und in Scheiben schneiden. Mit dem Zitronensaft, Zucker und Rum bei mittlerer Hitze garen. Wenn die Früchte weich sind und die Konsistenz eines Kompotts haben, mit einer Gabel zerdrücken. Zugedeckt erkalten lassen.

Für die Knusperschicht:

Je 1 EL gehackte Pistazienkerne, gehackte Cashewnüsse, Haferflocken, Kokosraspeln
1 EL Demerara-Zucker
Alle Zutaten vermischen und beiseite stellen.

Zum Fertigstellen des Soufflés:

10 Eiweiße
80 g extrafeiner Zucker
Puderzucker zum Ausstreuen der Soufflé-Förmchen

Backofen auf 190 °C (Gas Stufe 5) vorheizen. Acht kleine Soufflé-Förmchen mit Butter einfetten und mit Puderzucker gleichmäßig ausstreuen. Eiweiße schlagen, bis der Schnee weiche Spitzen zieht. Den Zucker zugeben und weiterschlagen, bis der Eischnee steif ist. Ein Drittel des Eischnees unter das mit Maisstärke gebundene Bananenpüree ziehen, dann den restlichen Eischnee unterheben. Die Soufflé-Förmchen jeweils zur Hälfte mit der Eischnee-Bananen-Mischung füllen, das Bananenkompott gleichmäßig darüber schöpfen und mit der restlichen Eischnee-

Bananen-Mischung auffüllen. Die Oberfläche glatt streichen. Mit einem Messer an der Innenseite der Förmchen entlangfahren, damit das Soufflé gleichmäßig aufgeht. Die Förmchen in den heißen Backofen stellen. Nach 4 Minuten die Oberfläche der Soufflés mit der Knusperschicht bestreuen – zügig arbeiten, da sonst die Soufflés zusammenfallen. Weitere 4–5 Minuten backen. Die Soufflés sind fertig, wenn sie innen noch leicht feucht und nicht ganz durchgegart sind. Sofort servieren.

Gebackene Feigen in Weinblättern

Schon im Paradies wuchsen Feigenbäume, und ihre Früchte, frisch oder getrocknet, erfreuen sich seit jeher im Mittelmeerraum großer Beliebtheit. Feigen liefern wertvolles Eisen, was Sportler, die ja reichlich Eisen brauchen, sehr zu schätzen wissen. Allerdings sollte man darauf achten, dass man gleichzeitig Nahrungsmittel mit hohem Vitamin-C-Gehalt zu sich nimmt, damit das Eisen leichter vom Körper aufgenommen wird.

FÜR 4 PERSONEN
1 unbehandelte Zitrone
160 ml Wasser
1 EL Zucker
1 TL gemahlener Ingwer
1 EL heller Vollrohrzucker
1 EL helle Sultaninen, in kochendem Wasser blanchiert
Schwarzer Pfeffer
12 frische blaue Feigen
12–16 frische Weinblätter, je nach Größe

Die Zitrone dünn schälen und die Schale in feine Julienne-Streifen schneiden. Die Schalenstreifen in kochendem Wasser blanchieren und abtropfen lassen. Diesen Vorgang noch zweimal wiederholen, dabei jedes Mal frisches Wasser verwenden. Die Schalenstreifen in dem Wasser mit dem Zucker 15–20 Minuten kochen, bis die Schalenstreifen glasig sind. Schalenstreifen im Sud auskühlen lassen, dann mit dem Saft einer halben Zitrone, gemahlenem Ingwer, Vollrohrzucker, Sultaninen und schwarzem Pfeffer nach Belieben verrühren.

Backofen auf 200 °C (Gas Stufe 6) vorheizen. Mit einem scharfen Messer die Feigen vom Blütenansatz aus kreuzweise etwa zwei Zentimeter tief einschneiden und etwas auseinander drücken. Jeweils vier Weinblätter so auf eine Arbeitsfläche legen, dass sich die Ränder überlappen, und jeweils drei Feigen darauf legen. Die Schalenstreifen-Gewürzmischung auf die vier Portionen verteilen und die Feigen damit bedecken. Die Weinblätter zu festen Päckchen aufrollen und mit Bast gut verschnüren. Im vorgeheizten Ofen 12 Minuten backen. Eventuell austretenden Saft auffangen und separat servieren. Die gebackenen Feigen schmecken köstlich mit Vanille-Sago-Sorbet (siehe Seite 183).

Vanille-Sago-Sorbet

FÜR 4 PERSONEN
125 g Zucker
200 ml Wasser
2 EL Sago-Perlen
4 Vanilleschoten, längs aufgeschlitzt und das Mark herausgekratzt
300 ml Milch

Die Hälfte des Zuckers mit dem Wasser aufkochen. Sago einrühren und 5–6 Minuten kochen, bis die Sago-Perlen durchsichtig sind. Erkalten lassen. Den restlichen Zucker mit den Vanilleschoten und dem Vanillemark in die Milch geben und aufkochen lassen. Zugedeckt erkalten lassen. Beide Flüssigkeiten verrühren, die Vanilleschoten entfernen und zum Gefrieren in die Eismaschine geben.

Kirschauflauf

FÜR 6 PERSONEN
3 Eier
60 g Zucker
1 Vanilleschote, längs aufgeschlitzt und das Mark herausgekratzt
25 g Mehl, gesiebt
350 ml Milch
500 g große schwarze Süßkirschen, entsteint
2 EL Kirschwasser

Eine Quiche- oder Flanform (23 Zentimeter Durchmesser, 2,5 Zentimeter tief) leicht mit Butter einfetten. Backofen auf 180 °C (Gas Stufe 4) vorheizen.

Die Eier mit dem Zucker in einer Schüssel schaumig schlagen. Das Vanillemark und das gesiebte Mehl unterheben und nach und nach unter Rühren die Milch zugeben, dabei die Mischung nicht zu lange bearbeiten. Die Mischung durch ein feines Sieb streichen und mit den Kirschen in die Form füllen. 30 Minuten backen, bis der Teig aufgegangen und gestockt ist. Den Auflauf mit Kirschwasser beträufeln und warm servieren.

Knusperbananen mit Honig-Himbeer-Coulis

Ich liebe Honig und verwende ihn so oft wie möglich zum Süßen der Speisen. Obwohl er nur unbedeutende Mengen an Nährstoffen und Energie in Form von einfachen Kohlenhydraten liefert, ziehe ich Honig dem einfachen Zucker vor, weil er so vielseitig zu verwenden ist. Die medizinische Wirkung des Honigs ist allgemein bekannt, und es gibt nicht Besseres als einen heißen Grog mit Rum, Zitronensaft und Honig, wenn es darum geht, einen rauen Hals zu lindern und für einen ruhigen Schlaf zu sorgen. Bis ins frühe 17. Jahrhundert war Honig das gängige Süßungsmittel – Zucker war den Adeligen und Reichen vorbehalten. Am Ende des 17. Jahrhunderts jedoch änderte sich dies völlig, und Honig wurde rasch zu einem Luxusnahrungsmittel.

FÜR 4 PERSONEN
180 g Pistazienkerne, gehäutet
4 reife Bananen
1 EL Puderzucker
480 g Himbeeren
4 EL dünnflüssiger Blütenhonig

Die Pistazien grob hacken und auf einen großen Teller geben. Die Bananen schälen und quer halbieren. Die Bananenhälften in den Pistazien rollen und dabei die Pistazien leicht in die Bananen drücken, bis die Bananen gleichmäßig mit den Pistazien überzogen sind. Die Bananen mit Puderzucker bestäuben und auf ein mit Backpapier ausgelegtes Backblech legen. Bei 200 °C (Gas Stufe 6) 4–5 Minuten im Backofen backen, bis die Früchte knapp weich und warm sind – auf keinen Fall länger garen, sonst werden die Bananen matschig. Warm stellen.

Für die Himbeer-Coulis die Hälfte der Himbeeren mit zwei Esslöffeln Honig im Mixer pürieren. Das Püree durch ein feines Sieb streichen, um die Kerne zu entfernen.

Die Bananen auf vier vorgewärmte Portionsteller verteilen und mit dem restlichen Honig beträufeln. Jeweils ein paar Himbeeren daneben zu einer kleinen Pyramide aufschichten und separat dazu die Himbeer-Coulis reichen.

Schokoladenfrüchte

Für dieses Rezept benötigt man eine ziemlich große Menge Schokolade, sonst kann man die Früchte nicht tief genug eintauchen.

FÜR 6 PERSONEN
12 Erdbeeren
3 kernlose Clementinen
3 frische Feigen
18 Physalis (Kap-Stachelbeeren)
1–2 Bananen
4 EL Kokosraspeln
800 g Edelbitterschokolade (70% Kakaoanteil)

Erdbeeren waschen und trockentupfen. Clementinen vorsichtig schälen und in Spalten teilen, dabei die zarten Trennhäute nicht verletzen. Die Feigen vierteln. Die trockenen Blätter der Physalis nach hinten streifen. Die Bananen schälen und in etwa drei Zentimeter lange Stücke schneiden. Die Kokosraspeln in einen tiefen Teller geben.

Die Schokolade unter häufigem Rühren im Wasserbad schmelzen, dabei nicht höher als 50 °C erhitzen. Vom Herd ziehen und die Schokolade kräftig mit einem Holzlöffel umrühren. Die Fruchtstücke nacheinander in die Schokolade tauchen, überschüssige Schokolade abtropfen lassen und anschließend die Früchte in die Kokosraspeln tauchen.

Die Schokoladenfrüchte 15 Minuten in den Kühlschrank stellen, damit die Schokolade fest wird. Bis zum Servieren kühl stellen. Restliche Schokolade für ein anderes Rezept aufbewahren.

Register

Danksagung

Mein Dank geht an folgende Personen: John Brooks von der Wohltätigkeitsorganisation VICTA, die mir ebenfalls am Herzen liegt – ein Energiebündel, bei dem ich stets ein offenes Ohr für meine Sorgen und Nöte finde und der mich so manches Mal ermutigt und bestärkt hat.

Marion Oputa, die es wieder einmal geschafft hat, meine unleserliche Handschrift zu entziffern und die zur Bewältigung dieser Aufgabe viele Überstunden einlegte, damit Susan Haynes, David Rowley, Jinny Johnson und Clive Hayball vom Verlag Weidenfeld and Nicolson dieses Buch zustande bringen konnten.

Nicolas Laridan, Bryn Williams und Monica Faafiti aus der Küchenmannschaft des Le Gavroche, die die Speisen für die Fotos zubereiteten, da ich mich ausgerechnet zu dieser Zeit wegen eines gebrochenen Beins nur auf Krücken fortbewegen konnte.

Tara Fisher, die den Geist dieses Kochbuchs in ihren Fotografien einzufangen und auszudrücken verstand, obwohl sie damals hochschwanger war.

Zum Schluss möchte ich meiner Frau Gisele danken dafür, dass sie immer meine verschwitzte Sportkleidung wäscht, und natürlich meiner Tochter Emily für die gelegentliche Fußmassage.

Anmerkung:

Eier und Milch: Verwenden Sie große Eier von freilaufenden Hühnern aus biologischer Aufzucht und Vollmilch. **Kräuter:** Mit einem Bund ist ein normales Kräuterbund gemeint, wie man es im Supermarkt zu kaufen bekommt – etwa 25 Gramm. **Pfeffer:** Verwenden Sie, wenn nicht anders angegeben, frisch gemahlenen schwarzen Pfeffer. **Silikon-Backunterlage:** Eine Anschaffung, die sich lohnt und wie Backpapier zu verwenden ist: Gemeint ist eine dauerhafte Antihaft-Backfolie aus Silikon oder silikonbeschichtetem Glasfibergewebe, wie Sie sie in gut sortierten Haushaltswarengeschäften finden. Sie braucht nicht eingefettet zu werden und kann direkt auf das Backblech oder den Rost gelegt werden.

Aus dem Englischen übersetzt von
Renate Reinhold
Redaktion: Michaela Röhrl, Germering
Korrektur: Christian Wolf
Umschlaggestaltung: Caroline Georgiadis,
Daphne Design
Satz: Maren Scherer, Germering

Die Originalausgabe mit dem Titel The Marathon Chef wurde erstmals 2003 im Verlag Weidenfeld & Nicolson, London, einem Imprint der Orion Publishing Group, veröffentlicht.

Fotos: Tara Fisher

Druck und Bindung: Trento SRL
Printed in Italy

ISBN 3-88472-571-8